Minderheiten, Migranten und die Staatengemeinschaft

Gerhard Seel (Hrsg.)

Minderheiten, Migranten und die Staatengemeinschaft

Wer hat welche Rechte?

PETER LANG
Bern · Berlin · Bruxelles · Frankfurt am Main · New York · Oxford · Wien

Bibliografische Information Der Deutschen Bibliothek
Die Deutsche Bibliothek verzeichnet diese Publikation in der Deutschen Nationalbibliografie; detaillierte bibliografische Daten sind im Internet über ‹http://dnb.ddb.de› abrufbar.

ISBN 3-03910-647-3

Hochfeldstrasse 32, Postfach 746, CH-3000 Bern 9
info@peterlang.com, www.peterlang.com, www.peterlang.net

Inhaltsverzeichnis

Vorwort

Der vorliegende Band ist das Ergebnis eines Forschungsprojekts, das von 1995 bis 1999 am Institut für Philosophie der Universität Bern unter meiner Leitung durchgeführt wurde. Hauptamtliche Mitarbeiter des Projekts waren Dr. Hartmut Ihne und Prof. Dr. Helmut Linneweber-Lammerskitten. Sie haben wesentlich zum Erfolg des Projekts beigetragen. Die Verfasser der Artikel dieses Bandes waren gleichfalls – auf unterschiedliche Weise und in unterschiedlichem Masse – mit dem Projekt verbunden. Ermöglicht wurde die Forschung durch eine Subvention des Schweizerischen Nationalfonds, dem ich an dieser Stelle noch einmal ausdrücklich danken möchte. Die Drucklegung der Beiträge wurde durch Zuschüsse der Stiftung zur Förderung der wissenschaftlichen Forschung an der Universität Bern und der Philosophisch-historischen Fakultät möglich gemacht. Beiden möchte ich dafür herzlich danken. Die Vorbereitung der Drucklegung lag in den Händen von lic.phil. Reto Givel und Dr. Heiko Holweg, denen ich ebenfalls für die mühsame Korrekturarbeit herzlich danke.

Prof. Dr. Gerhard Seel

Einleitung

Soziale Gruppen sind eigenartige und uneinheitliche Gebilde. Die einen existieren aus dem einzigen Grund, dass bestimmte Mengen von Menschen gewisse Merkmale gemeinsam haben, andere bestehen, weil sich bestimmte Mengen von Menschen ihrer gemeinsamen Merkmale bewusst sind und wiederum andere sind durch den Zusammenschluss einer Menge von Menschen zum Zwecke der Verfolgung gemeinsamer Ziele entstanden. Für den Soziologen sind dies bedeutsame Unterschiede für seine Theoriebildung. Den Rechtsphilosophen interessieren diese Unterschiede aber nur insofern, als sie für die Frage der Begründung von Gruppenrechten relevant sind.

Auch Rechte sind eigenartige Gegenstände. Sie existieren nicht wie andere Gegenstände, die man erkennen kann, ohne dass ihre Existenz vom Erkanntwerden abhängig wäre. Rechte existieren nur, wenn und solange die Forderung, welche sie enthalten, gerechtfertigt ist. Ihre Existenz hängt von dieser Beziehung zu einer rechtfertigenden Instanz ab. Man unterscheidet normalerweise zweierlei rechtfertigende Instanzen: staatliche Gesetzgeber auf der einen Seite, die Natur oder die Vernunft auf der anderen Seite. Gemäss diesen Instanzen unterscheidet man dann positives Recht und Natur- oder Vernunftrecht. Das positive Recht ist normalerweise Gegenstand der Rechtswissenschaften, es interessiert den Philosophen nur insofern, als dieser Gründe für die Institution des positiven Rechts und Normen für seine Ausgestaltung erarbeitet. Das eigentliche Feld des Rechtsphilosophen ist hingegen das überpositive Recht. Hier gilt es Argumente für die Geltung überpositiver Rechtsnormen zu entwickeln. Dies bedeutet, dass, wann immer man über überpositive Rechte von Gruppen oder Minderheiten redet, man über die Rechtfertigung solcher Rechte reden muss.

Worum geht es dabei näherhin? Ein erster Grund, über die Begründung der Rechte von Minderheiten nachzudenken, ergibt sich aus dem Prinzip, gemäss welchem bei Abstimmungen der Wille der Mehrheit zum Tragen kommen soll. Dieses Prinzip bildet die Grundlage von allen demokratisch-verfassten Institutionen. Das Mehrheitsprinzip schreibt die Anerkennung eines Mehrheitsbeschlusses vor, sofern er nach einem festgelegten Verfahren zustande gekommen ist. Die Mehrheit wird sozusagen mit dem Ganzen gleichgesetzt. Die (unterlegene) Minderheit hat sich nach dieser Vorstellung an das Mehrheitsvotum zu halten.

Mehrheitswille und Minderheitsrechte können aber sehr wohl in Kollision zueinander geraten, nämlich genau dann, wenn durch eine Abstimmungsmehrheit fundamentale, überpositive Rechte der Mitglieder einer Minderheit tangiert werden. Dies kann u. a. bei sozialen, religiösen, kulturellen, sprachlichen, individuellen Fragen der Fall sein. Dabei ist es wichtig zu klären, ob und in welchem Umfang sich die Minderheit (bzw. deren Mitglieder) überhaupt auf Rechte besonderer Art (Minderheitsrechte als Menschenrechte) berufen kann oder ob das demokratische Willensbildungsverfahren als solches bereits den Respekt der Rechte aller Beteiligten garantiert. Letzteres ist z. B. die Kernthese der Rousseauschen Staatskonzeption. Die Gesetzgebung ist dann legitim, wenn sie Ausdruck der volonté générale ist, und letztere kann nicht irren. Um dies sicherzustellen, genügt es nach Rousseau, dass die politische Willensbildung nach republikanischen Prinzipien geschieht. Dazu gehört u. a. auch das Mehrheitsprinzip. Ein Rekurs auf Minderheitsrechte als Menschenrechte ist dann nicht nötig.

Aber korrekte Prozeduren der Willensbildung können, wie viele historische Beispiele zeigen, Ergebnisse zeitigen, die zumindest prima facie die Rechte der Mitglieder einer Abstimmungsminderheit verletzen. Deshalb gehen die meisten modernen Verfassungskonzeptionen davon aus, dass die Rechte der Mitglieder einer Minderheit durch in die Verfassung aufgenommene positive Rechte (so genannte Grundrechte) zu schützen sind. Aber, wie lässt sich die Forderung nach solchen Grundrechten begründen?

Bei der Beantwortung dieser Frage spielen politische, rechtliche, moralische und philosophische Aspekte eine Rolle:

1. *Die politisch-rechtliche Ebene:* Dem Problem der Minderheitsrechte wohnt ein wachsendes Konfliktpotential für den nationalen und internationalen Bereich inne.

Die romantische Vorstellung der Einheit von Staatsbürgerschaft und Staatsvolk, die letztlich auf der Idee der Homogenität des Staatsvolks beruhte, ist spätestens seit dem Zweiten Weltkrieg problematisch geworden. Es gibt heute faktisch keine ethnisch homogenen Staaten mehr. Insbesondere das Ende des Ost-West-Konflikts hat zur Bildung «neuer» Staaten in nicht gekanntem Umfang geführt. In vielen Staaten des ehemaligen Ostblocks gibt es unterschiedlich starke Konflikte zwischen verschiedenen Ethnien. Ebenfalls aus einer Reihe von Entwicklungsländern sind ethnische Konflikte bis hin zu Bürgerkriegen bekannt. Diese Konflikte hängen insbesondere mit den jeweils bestehenden Mehrheits-Minderheitsverhältnissen zusammen.

Zugleich haben wachsende Armut und Umweltverschlechterungen in den armen Ländern auf der Suche nach besseren Lebensbedingungen gigantische Flüchtlingsbewegungen in Gang gesetzt (nach UNO-Schätzungen 18 Millionen, ohne Binnenflüchtlinge). Der kleinere Teil davon sucht Zuflucht in den wohlhabenden Industrieländern. Dabei treten, das ist insbesondere in den europaweiten Asyldebatten deutlich geworden, verschiedenartige Konflikte zwischen dort lebenden Mehrheiten und asylsuchenden Minderheiten auf. Die Asylproblematik hat die Diskussion um die Frage, ob und in welchem Umfang Minderheiten geschützt werden müssen, welche Minderheiten geschützt werden müssen, wo die Grenzen des Minderheitenschutzes liegen usw., neu belebt.

Die nationale und internationale Politik tut sich schwer, die neu entstandenen Minderheitsprobleme zu lösen. Es gibt zwar in den verschiedenen nationalen und internationalen Rechtssystemen Gesetze, Konventionen oder Verträge zur Regelung des Schutzes von Minderheiten. Jedoch sind die «klassischen» Instrumente, wie die Allgemeine Erklärung der Menschenrechte der Vereinten Nationen von 1948 und die Bürgerrechts- und Sozialrechtspakte von 1966, nicht ausreichend, um im internationalen System den Schutz von Minderheitsrechten zu gewährleisten. Die Vereinten Nationen bemühen sich deshalb schon seit den siebziger Jahren um die Erarbeitung einer «Erklärung über die Rechte von Angehörigen von nationalen, ethnischen, religiösen oder sprachlichen Minderheiten». Bisher sind diese Bemühungen immer wieder an der Beantwortung schwieriger grundsätzlicher, rechtlicher und auch definitorischer Fragen gescheitert. Eine Schwierigkeit resultiert aus dem Fehlen eines gemeinsamen Menschenbilds. Auch ist es bislang nicht gelungen, Konsens über die Definition des Begriffs «Minderheit» zu erreichen. Auch die Frage was man unter dem «absoluten Respekt[s] der Souveränität, der territorialen Integrität und der politischen Unabhängigkeit» sowie der «Nichteinmischung in interne Angelegenheiten» genau zu verstehen hat, ist noch immer nicht beantwortet. Ähnliche Schwierigkeiten hat auch der Europarat bei der Erstellung einer europäischen Konvention zum Schutz von Minderheiten in Ergänzung der Europäischen Menschenrechtskonvention.

2. Die moralisch-philosophische Ebene: Die dargelegte Ratlosigkeit auf der politisch-rechtlichen Ebene geht mit einer unaufgearbeiteten Problematik in der Rechtsphilosophie selber einher. Philosophen stellen oft Menschenrechtskataloge auf, ohne über ein plausibles Prinzip zu ihrer Begründung zu verfügen, und diejenigen, die einsehen, dass es ein solches Prinzip braucht, sind hoffnungslos hinsichtlich des richtigen Prinzips zerstritten. So liefern sich auf diesem Felde Utilitaristen, Wertphilosophen, Kontraktualisten und Transzendentalphilosophen einen unerbittlichen Kampf. Auch ist in der philosophischen Diskussion weitgehend ungeklärt, ob Menschenrechte Individual- oder Gruppenrechte sind. Dabei spielt auch die Frage eine Rolle, ob es ein überpositives Recht auf «kulturelle Identität» gibt.

Einen Beitrag zur Beantwortung dieser Fragen zu leisten, war das Anliegen eines Forschungsprojekts, das unter meiner Leitung in den Jahren 1994–1998 an der Universität Bern durchgeführt wurde. Die Ergebnisse dieser Forschungsarbeit stellen wir nun einer breiteren Öffentlichkeit vor.

In meinem Beitrag ‹Wie lassen sich Rechte politischer Minderheiten begründen?› beschäftige ich mich mit dem Sonderfall der politischen Minderheiten. Dabei definiere ich den Terminus ‹politische Minderheit› als ‹Gruppe, deren Mitglieder politische Selbstbestimmung gegenüber dem Staat, dem sie angehören, anstreben›. Im besonderen geht es mir dann um die Frage, auf welche Weise die Ansprüche einer solchen Gruppe auf politische Selbstbestimmung gerechtfertigt werden können und wie weit die gerechtfertigten Ansprüche reichen. In einem ersten Schritt kritisiere ich die klassischen Begründungsstrategien, nämlich die ‹Schutz-intrinsischer-Werte›-Argumentation, die ‹Schutz-berechtigter-Interessen›-Argumentation und schliesslich den Kontraktualismus. In einem zweiten Schritt entwickle ich sodann die Grundlagen für meine eigene Strategie der Begründung von Rechten. Dabei benutze ich eine an Kant, Fichte und die Frankfurter Schule angelehnte ‹transzendentalphilosophische› Argumentation, um zu zeigen, dass alle rationalen Wesen verpflichtet sind, zusammen mit allen rationalen Wesen, mit welchen sie in Interaktion stehen, einen Staat zu errichten, der es möglich macht, nach im Konsens beschlossenen Regeln (Gesetzen) zu handeln und auf diese Weise im wechselseitigen Einverständnis zu leben. Dieses Prinzip benutze ich dann im dritten Teil, um meine Ausgangsfrage zu beantworten. Zunächst führe ich folgendes Kriterium für die Gerechtigkeit eines positiven Gesetzes ein: Ein positives Gesetz ist dann und nur dann gerecht, wenn niemand, den es betrifft, es vernünftigerweise zurückweisen kann, weil es seine Freiheit in unnötiger oder ungleicher Weise einschränkt. Auf der Basis dieses Prinzips sind die Forderungen einer politischen Minderheit dann und nur dann gerechtfertigt, wenn a) die Gesetze, die die Mehrheit beschliesst, die Freiheit ihrer Mitglieder in unnötiger oder ungleicher Weise einschränkt und b) die politische Selbstverwaltung der Gruppe nicht zu einer unnötigen oder ungleichen Einschränkung der Freiheit der Mitglieder der Mehrheit führt. Die Mitglieder einer politischen Minderheit, die aufgrund dessen berechtigte Forderungen auf Selbstverwaltung stellen, haben dann folgende überpositiven Rechte: 1. das Recht, eine politische Partei oder einen Verein zu gründen, der den Zweck hat, die Interessen der politischen Minderheit nach aussen zu verfolgen; 2. das Recht auf Eruierung des politischen Willens der auf dem beanspruchten Territorium lebenden Staatsbürger durch geheime Abstimmung; 3. das Recht auf Gründung eines eigenen Staates im Rahmen einer Föderation unter der Bedingung, dass die Abstimmung einen entsprechenden politischen Willen ergeben hat. Das zuletzt genannte Recht ist nicht als Recht auf vollständige politische Unabhängigkeit zu interpretieren.

In seinem Beitrag: ‹Sezession. Das Problem der Rechtfertigung staatlicher Unabhängigkeit, diskutiert am Beispiel des Kosovo› zieht Franz Meier sodann die Konsequenzen, die sich aus diesen Überlegungen für die Frage der staatlichen Unabhängigkeit des Kosovo ergeben. Er führt zunächst zwei Prinzipien ein, die er bei der Beantwortung seiner Frage zugrunde legen will: 1. das Prinzip der Friedenspflicht und 2. das Prinzip der Subsidiarität.

Das erste Prinzip, das er der Kantischen Rechtsphilosophie entlehnt hat, besagt, dass Konflikte zwischen Individuen, zwischen Gruppen, aber auch zwischen Staaten nicht dadurch gelöst werden können, dass die Konfliktparteien ihr Recht durch Gewaltanwendung gegeneinander suchen, sondern nur dadurch, dass sie sich dem Rechtsspruch einer übergeordneten Gerichtsinstanz beugen.

Das zweite Prinzip ergibt sich aus meinen oben dargestellten Überlegungen und besagt, dass die Regelung der Konflikte durch ein abgestuftes (föderatives) Rechtssystem erfolgen sollte, in welchem die Kompetenzen zur Konfliktregelung auf unterschiedlichen Ebenen angesiedelt sind, dergestalt dass die Instanzen der jeweils übergeordneten Ebene nur Befugnisse zur Regelung der Konflikte zwischen den Instanzen der untergeordneten Ebene haben, im übrigen aber die untergeordneten Instanzen Autonomie hinsichtlich der Ausgestaltung ihres jeweiligen Rechtssystems besitzen.

Franz Meier zeigt zunächst, dass die Kosovo-Albaner aufgrund der geographischen und der ethnographischen Situation der Region Kosovo gemäss diesen Prinzipien durchaus ein Recht auf staatliche Autonomie im Rahmen eines föderativ-verfassten Serbien-Montenegro haben. Dies bedeutet jedoch nicht, dass sie ein Recht auf vollständige staatliche Unabhängigkeit haben. Um ein solches Recht zu begründen, müssen nach Franz Meier folgende drei Bedingungen erfüllt sein:

1. Das Prinzip der Subsidiarität wird in dem betreffenden Staat missachtet.
2. Die ethnische Minderheit kann garantieren, dass in dem neu zu gründenden Staat das Subsidiaritätsprinzip nicht verletzt wird.
3. Der neu zu gründende Staat ist im Prinzip bereit, später Teil eines übergeordneten föderativen Staates oder Staatenverbundes zu werden, sobald dafür die Voraussetzungen erfüllt sind.

Franz Meier begründet mit Hinweis auf die Fakten der jüngeren Geschichte, dass die erste Bedingung ohne weiteres erfüllt ist. Hingegen hegt er ernsthafte Zweifel, dass die kosovo-albanischen politischen Kräfte bereit oder in der Lage sind, die Bedingungen zwei und drei zu erfüllen. Es stellt sich daher die Frage, ob man dem Kosovo eine provisorische Unabhängigkeit zugestehen sollte. Eine solche würde jedoch die Forderung nach Rechtssicherheit verletzen. Franz Meier meint aber auch, dass eine völlige und definitive Unabhängigkeit ebenfalls nicht in Frage kommt, da dabei mit grosser Wahrscheinlichkeit die Rechte der serbischen Minderheit im Kosovo nicht mehr garantiert wären. Franz Meier sieht die internationale Gemeinschaft in der Pflicht, bis auf weiteres im Kosovo die staatliche Autorität wahrzunehmen und für den Aufbau rechtstaatlicher Strukturen zu sorgen.

Können Gruppen eigentlich als solche Rechte haben oder sind es immer nur die individuellen Mitglieder einer Gruppe, denen die Rechte zukommen, die man Gruppen- oder Minderheitenrechte nennt? Dieser in der Literatur höchst umstrittenen Frage geht Helmut Linneweber in seinem Beitrag nach. Bevor er aber zu dieser Frage kommt, führt er zwei weitere rechtsphilosophisch wichtige Unterscheidungen ein, die für die Entscheidung der Streitfrage relevant sind. Es ist ja ein wichtiger Unterschied, ob es um die Verteidigung bereits bestehender Rechte oder um die Einrichtung neuer Rechte geht. Dann ist wichtig, ob der Gesetzgeber aufgefordert ist, eine bestehende Diskriminierung zu beenden, oder ob der Zweck der Gesetzgebung darin besteht, den Mitgliedern einer Minderheit spezielle Rechte zu gewähren, die den Mitgliedern der Mehrheit gerade nicht zukommen.

Die Frage ‹Gruppenrechte oder Individuenrechte› steht auch im Zentrum des Beitrags von Véronique Zanetti. Aber diesmal geht es um die Frage, ob es die Rechte von Individuen oder von Gruppen sind, welche die Intervention der internationalen Staatengemeinschaften in die inneren Angelegenheiten eines Staates rechtfertigen. Die Entwicklung des internationalen Rechts geht in Richtung der Anerkennung eines Interventionsrechts für den Fall des Völkermords, der ethnischen Säuberung oder anderer Formen massiver Rechtsverletzungen. Aber, geht es dabei um den Schutz der Rechte von Individuen oder um den Schutz der Rechte von Gruppen? In der sich um diese Frage kümmernden Literatur wird in der Regel dem Umstand Bedeutung beigemessen, dass die Opfer der Rechtsverletzungen sehr zahlreich sind. Dieser Umstand lässt sich aber auf zweierlei Weise bei der Rechtfertigung des Interventionsrechts in Anschlag bringen. Entweder man argumentiert, dass es eben das Recht einer ganzen Gruppe sei, das durch die internationale Intervention geschützt werden soll, oder man kann argumentieren, dass es sich nach wie vor um die Rechte der Individuen handelt, dass aber deren Anzahl und deren Zugehörigkeit zu einer bedrohten Gruppe bei der Begründung eines solchen Ausnahmerechts ausschlaggebend ist. Véronique Zanetti versucht, auf diese Fragen eine Antwort zu geben.

Der theoretische Hintergrund der Kontroverse: Individuenrechte oder Gruppenrechte ist zweifellos der fortdauernde Streit zwischen klassischen liberalen Rechtsphilosophien und den neueren kommunitaristischen Theorien. Letztere vertreten nicht nur die These, dass kulturelle Gruppen Träger von überpositiven Rechten sind, sondern sie plädieren auch dafür, dass in einem Staat, in welchem es eine Mehrzahl solcher kulturellen Gruppen gibt, die Gruppen in einer Art ‹power-sharing› gleichgewichtig in den staatlichen und sozialen Institutionen vertreten sein sollten. Diese oft vereinfachend als ‹Multikulturalismus› bezeichnete Position gerät in das kritische Feuer der Argumente von Jérôme Niquille. Er nimmt sich konkrete Beispiele wie die Helmpflicht für turbantragende Sikhs oder die ‹affirmative action› bei der Gleichberechtigung von Frauen vor, um zu zeigen, dass es um Chancengleichheit und nicht um Ergebnisgleichheit gehen muss.

Die Kontroverse: Individuenrechte oder Gruppenrechte steht auch im Zentrum des Beitrags von Alex Sutter. Der Autor nimmt sich dabei insbesondere der Frage an, welche Rolle die Behauptung einer kollektiven Identität bei der Begründung von Gruppenrechten spielt. Er kritisiert den ‹Essenzialismus›, der der Behauptung zugrunde liegt, kulturelle Gruppen seien Träger von Rechten, und schlägt danach eine andere Begründung der Rechte von Minderheiten vor, welche von den klassischen Forderungen nach Chancengleichheit und Ausgleich von Benachteiligungen ausgeht, die Individuen als Mitglieder von Gruppen erfahren können.

Der letzte Beitrag unseres Bandes gilt einer Frage, die scheinbar nichts mit der Problematik der Rechte von Minderheiten zu tun hat, nämlich der Begründung eines Rechts auf Einwanderung. Es zeigt sich aber im Beitrag von Martino Leone Mona, dass Einwanderung nicht nur deshalb mit unserer Thematik verknüpft ist, weil Minderheiten oft das Resultat von Einwanderung sind, sondern auch, weil in beiden Fällen die gleichen rechtsphilosophischen Kontroversen zur Debatte stehen. Es kann darüber hinaus kein Zweifel daran bestehen, dass die Einwanderungspolitik in gleicher Weise wie die Politik gegenüber Minderheiten in den letzten Jahren ins Zentrum der politischen Auseinandersetzungen in den demokratischen und industrialisierten Ländern getreten ist. Martino Mona gibt zunächst einen Überblick über die aktuelle Situation des internationalen Asylrechts. Dabei zeigt sich, dass nach wie vor politisch Verfolgte keinen vor einem internationalen Gericht einklagbaren Anspruch auf Asyl haben. Im Hauptteil seines Beitrags stellt Mona dann die Frage, wie eine liberale Rechtsphilosophie die Frage nach dem Recht auf Einwanderung beantworten müsste. Aus Platzgründen beschränkt er sich dabei auf einen einzigen Theorietypus, die Gerechtigkeitstheorie von John Rawls. Er weist nach, dass die Rawlssche Methode unweigerlich zu einer Anerkennung eines solchen Rechts führen muss. Bekanntlich hat Rawls zur Begründung von Rechtsprinzipien das Gedankenexperiment einer Wahl dieser Prinzipien unter der Bedingung eines ‹Schleiers des Nichtwissens› verwandt. Mona argumentiert nun, dass jemand, der nicht weiss, ob er in einem ökonomisch armen und rechtlich rückständigen Land oder aber in einem reichen und nach rechtsstaatlichen Prinzipien organisierten Land geboren werden wird, das Prinzip eines Rechts auf Migration wählen würde. Der Autor wundert sich, das Rawls selbst nicht auf eine solches Recht gekommen ist.

Bern, 08. Juni 2005 Prof. Dr. Gerhard Seel

Wie lassen sich Rechte politischer Minderheiten rechtfertigen?[1]

GERHARD SEEL

Gegenstand meiner Untersuchung ist das, was man normalerweise ‹Recht auf nationale Selbstbestimmung› nennt.[2] Dabei unterstellt man, dass die Träger solcher Rechte ‹Völker› oder ‹Nationen› sind.[3] Aber es ist keineswegs klar, welche Eigenschaften eine Gruppe besitzen muss, um als Volk oder Nation gelten zu können. Um den Streit über diese Frage aus meiner Untersuchung auszuklammern, werde ich – nach dem Vorbild von D. Miller 1995[4] – eine subjektive Vorgehensweise wählen und statt von ‹Völkern› und ‹Nationen› von ‹politischen Minderheiten› reden. Eine politische Minderheit ist ge-

1 Erweiterte und verbesserte Fassung des Artikels ‹How to Justify the Rights of Political Minorities› in: *Human Rights in Philosophy and Practice*, ed. B.M. Leiser und T.D. Campell. Reto Givel hat den Artikel aus dem Englischen übersetzt; der Autor hat ihn gegengelesen und korrigiert.

2 Im heutigen Völkerrecht sind dreierlei ‹kollektive› Interessen von Völkern geschützt: a) die physische Existenz, b) die Selbstbestimmung und c) die natürlichen Ressourcen. Meine Arbeit beschäftigt sich ausschliesslich mit dem zweiten. Dieses lässt sich aber klarerweise nur schützen, wenn man das erste ebenso schützt. Ich begreife diese ‹kollektiven› Interessen im Folgenden jedoch als die Interessen der einzelnen Mitglieder des jeweiligen Volkes.

3 Die UNO-Charta spricht von ‹Nationen› dort wo sie das ‹Principle of Self-determination› stipuliert. Die zwei Menschenrechtskonventionen sprechen hingegen von Völkern. Sie sagen diesbezüglich: ‹All peoples have the right of self-determination›. Der Ausdruck ‹Nation› wird auch im politische Kontext gebraucht, aber es bleibt offen, ob die beiden Ausdrücke (People / Volk und Nation / Nation) dieselbe Bedeutung haben oder nicht.

4 D. L. Miller 1995, *On Nationality*, Oxford.

mäss meinem Wortgebrauch eine Gruppe von Staatsbürgern, welche die Gründung eines autonomen oder unabhängigen Staates auf einem bestimmten Gebiet des Territoriums eines bestehenden Staates anstreben. Ob eine Gruppe eine politische Minderheit ist oder nicht, hängt also nicht allein von äusseren Daten, sondern wesentlich auch von dem Wollen der Mitglieder dieser Gruppe ab. Auch die Frage, wie dieser politische Wille motiviert ist, spielt für den Status der Gruppe als politische Minderheit keine Rolle.

Ich werde die folgenden Rechte zu rechtfertigen versuchen:

1. Das Recht jedes Mitglieds der Gruppe, eine Vereinigung oder eine politische Partei zu gründen, mit dem Ziel ihr politisches Bestreben friedlich voranzubringen.
2. Das Recht dieser Vereinigung oder Partei auf eine demokratische Abstimmung im entsprechenden Gebiet des bestehenden Staates, um herauszufinden, ob eine qualifizierte Mehrheit der in dieser Region lebenden Bevölkerung (60 %) die Gründung eines neuen Staates akzeptiert.
3. Das Recht, den bestehenden Staat in einen Bundesstaat zu überführen und einen neuen Staat zu gründen, der ein Teil dieses Bundesstaates wird – unter der Bedingung, dass besagte Abstimmung die erforderliche Mehrheit erreicht.[5]

Dabei werden diese Rechte nicht als positive, sondern als überpositive Rechte verstanden. Die ersteren sind Rechte, die durch die positiven Gesetzes oder die Verfassung eines Staates garantiert werden, die letzteren sind Rechte, welche unabhängig von und vorgängig zu jedweder positiven Gesetzgebung gelten und den Gesetzgeber eines jeden bestehenden Staates dazu verpflichten, sie durch positives Gesetz oder die Verfassung des Staates zu sichern und sie so in positive Rechte zu überführen.[6]

5 Träger des ersten dieser Rechte sind Individuen, Träger der beiden letztgenannten Arten sind hingegen Gruppen.

6 Vgl. die weiter unten gegebenen Definitionen.

Ich bin freilich nicht der erste, der versucht, eine solche Rechtfertigung zu geben, ja, es besteht in der relevanten Literatur ein gewisser Konsens, dass solche Rechte überall anerkannt werden sollten.[7] Warum also macht es Sinn, das Thema erneut aufzugreifen?

Dies scheint mir aus folgenden Gründen notwendig zu sein:

1. Überpositive Rechte existieren nicht in der Art wie Dinge oder Tatsachen existieren. Dinge oder Tatsachen existieren – jedenfalls für einen Realisten – unabhängig von irgendeiner Theorie, welche ihre Existenz behauptet oder beweist. Daher kann man sagen, dass sie durch eine Theorie entdeckt werden. Rechte können hingegen nicht durch eine Theorie als bereits existierende Entitäten entdeckt werden. Sie existieren nur insofern, als eine Theorie ihre Geltung erfolgreich rechtfertigt: Es gibt keine Rechte ohne Rechtfertigung. Die geringfügigste Schwäche der rechtfertigenden Theorie wird sich also auf die Rechte selbst auswirken.
2. Jede Theorie, die versucht überpositive Rechte zu rechtfertigen, muss moralische Skeptiker ernst nehmen, welche die Existenz von überpositiven Rechten grundsätzlich verneinen und gegen die Begründbarkeit solcher Rechte argumentieren.
3. Ein eingehender Blick in die relevante Literatur zeigt, dass fast niemand den Skeptizismus wirklich ernst nimmt, und dass die meisten Argumente zugunsten von Rechten politischer Minderheiten entweder auf starken unausgesprochenen Prämissen beruhen oder irgendeinen logischen Fehler aufweisen.

7 Margalit und Raz (1995, S. 79) betonen diesen Konsens, glauben aber immer noch, dass ‹bezüglich der präzisen Definition des Rechtes, seines Inhaltes, seiner Träger und der für die Ausführung angemessenen Mittel› (‹concerning the precise definition of the right, its content, its bearers, and the proper means for its implementation›) Uneinigkeit herrsche. Ich werde versuchen diese Fragen ebenfalls zu beantworten.

Daher erscheint es mir notwendig, die Frage erneut aufzugreifen, doch so, dass dabei die skeptischen Einwände nicht einfach übergangen werden. Dabei stehen die folgenden Fragen im Mittelpunkt:

1. Wer ist der Träger der zur Diskussion stehenden Rechte?
2. Was ist die Quelle dieser (der Rechtfertigungsgrund für diese) Rechte?
3. Was ist der genaue Inhalt dieser Rechte?

Diese Fragen sind logisch verknüpft, so dass die Beantwortung der einen die Beantwortung der beiden anderen beeinflusst und umgekehrt. Ferner scheint die zweite Frage die grundlegende zu sein. Entsprechend den Antworten, die man bisher auf sie gegebenen hat, können wir drei Haupttypen von Theorien unterscheiden, die versuchen politische Minderheitenrechte zu rechtfertigen: a) die Wertetheorie, b) die Interessentheorie und c) die kontraktualistische Theorie. Ich werde diese Theorien nun der Reihe nach aus skeptischer Perspektive analysieren.

I

Die *Werttheorie der Rechte* ist die verbreitetste Art, überpositive Rechte zu begründen. Ihre Hauptthese besagt, dass der Ursprung aller überpositiven Rechte letztlich im intrinsischen Wert eines Werteträgers liegt. In der Umweltethik beispielsweise finden wir nicht selten das Argument, dass eine gesunde Umwelt ein Recht auf Schutz habe, weil sie einen intrinsischen Wert aufweise. In ähnlicher Weise argumentieren Verfechter politischer Minderheitenrechte häufig, dass jedes Volk ein Recht auf Selbstverwaltung habe, weil die Kultur eines jeden Volkes intrinsischen Wert aufweise und die Erhaltung dieser Kultur Selbstverwaltung erfordere. Und da – gemäss dieser Theorie – die Quelle dieser Rechte intrinsische Werte sind, sind die Träger dieser Rechte diejenigen Entitäten, welche den intrinsischen Wert besitzen. Das sind in unserem Falle nicht die einzelnen Mitglieder der politischen Minderheiten, sondern die Gruppen selber.

Argumente dieses Typs haben etwa folgenden logischen Aufbau:

P1: Jede Entität, die intrinsischen Wert aufweist, hat das Recht auf Existenz und Erhaltung, und zwar jedem gegenüber, der fähig ist, dieses Ziel zu befördern.

P2: In einer zweiten Prämisse wird behauptet, dass soziale Entitäten eines bestimmten Typs (i.e. soziale Entitäten, die eine Menge von bestimmten Eigenschaften besitzen) intrinsischen Wert haben.

Aus diesen zwei Prämissen kann man dann ableiten, dass Entitäten des nämlichen Typs das Recht auf Existenz und Erhaltung besitzen.

P3: Um weiter abzuleiten, dass die besagten sozialen Entitäten auch das Recht auf Selbstverwaltung besitzen, greift man auf die Hilfsprämisse zurück, dass die Erhaltung einer solchen Entität Selbstverwaltung voraussetze.

Jede einzelne dieser drei Hauptprämissen lässt sich leicht angreifen.

P1 setzt voraus, dass Werturteile – nach dem Muster wissenschaftlicher Urteile – wahr oder falsch sein können. Dies ist mehr als zweifelhaft. Zwar hat die These, dass es objektive Werte gäbe, in den letzten Jahren Anhänger hinzugewonnen, aber ich halte die übliche Kritik an der These für stichhaltig und überzeugend. J.L. Mackie beispielsweise hat dafür argumentiert, dass derartige Entitäten sehr seltsam sein müssten und dass weder Konsens über Werte bestehe, noch eine wissenschaftliche Methode bekannt sei, die einen solchen Konsens hervorbringen könne.[8]

8 Vgl. J.L. Mackie, *Ethics. Inventing Right and Wrong*, Penguin Books 1977, S. 36–39.

Aber nicht einmal, wenn wir die Objektivität von Werten zugestehen würden, wären wir gezwungen P1 zuzustimmen. Denn es ist alles andere als offensichtlich, dass Entitäten, die intrinsischen Wert aufweisen, auch ein Recht auf Existenz haben. In meinem Wortgebrauch bedeutet ‹A hat eine Recht zu existieren› nicht einfach ‹eine Welt, in der A existiert, ist eine bessere Welt als eine, in der A nicht existiert›. Es bedeutet vielmehr, dass ein bestimmtes Handlungssubjekt (ein individueller oder ein kollektiver Agent) verpflichtet ist, die Existenz von A durch entsprechendes Handeln zu fördern, respektive zu erhalten, und dass A (oder sein befugter Vertreter) ihm gegenüber einen entsprechenden Anspruch hat. Um letzteres aus ersterem zu schliessen, braucht man entweder ein gültiges Brückenprinzip oder man muss zeigen, dass letzteres ersteres aus logischen oder semantischen Gründen impliziert. Ich vermag nicht zu sehen, wie man für eines von beidem überzeugend argumentieren könnte.

P2 besteht aus einer Menge konkreter Werturteile. Dementsprechend finden wir in Theorien des ersten Typs normalerweise einen Katalog von Eigenschaften, die eine soziale Entität haben muss, um auf das zur Diskussion stehende moralische Recht einen Anspruch zu haben.

Verfechter der dargestellten Theorie glauben, dass diese Eigenschaften – oder eine Kombination von ihnen – intrinsische Werte auf eine soziale Einheit übertragen. Das Problem besteht darin, dass in Bezug auf die entscheidenden Eigenschaften alles andere als Übereinstimmung herrscht. Margalit und Raz (1995, 82–85) beispielsweise schlagen folgende sechs Eigenschaften vor:

1. Gemeinsame Eigenart und gemeinsame Kultur;
2. Weitergabe dieser Kultur von einer Generation zur nächsten;
3. Mitgliedschaft durch gegenseitige Anerkennung;
4. Wichtigkeit der Gruppen-Mitgliedschaft für die Selbstidentifikation des einzelnen Mitglieds;

5. Unabhängigkeit der Mitgliedschaft von jeglicher Leistung.
6. Grösse der Gruppe (diese muss ausschliessen, dass jedes Mitglied alle anderen kennt).

Andere Philosophen fügen eine gemeinsame Sprache und eine gemeinsame Geschichte als entscheidende Charakteristika hinzu. Wenn es dann aber darum geht zu begründen, warum es gerade diese Eigenschaften und keine anderen sind, die einer Gruppe einen intrinsischen Wert verleihen, so haben sie wenig oder gar nichts zu sagen. Weiter spricht gegen diese Theorie, dass man auf ihrer methodischen Basis auch zu dem genau entgegengesetzten Resultat kommen kann. So könnte man anhand einer anderen Menge von Kriterien argumentieren, dass jeder bestehende Staat einen intrinsischen Wert und daher das Recht habe, gegen die Abspaltung eines seiner Teile geschützt zu werden. Alles in allem scheint die Aufzählung von Eigenschaften, die einer sozialen Entität intrinsischen Wert verleihen, eine ziemlich willkürliche Angelegenheit zu sein.

Es gibt nur eine Art von Argument, die diese Beliebigkeit zu vermeiden scheint. Kommunitaristische Autoren argumentieren oft, dass der intrinsische Wert kultureller Gruppen in der Tatsache begründet liegt, dass Individuen für ihr Selbstwertgefühl und ihre Selbstidentifikation auf die Zugehörigkeit zu kulturellen Gruppen angewiesen sind.[9] Ich werde hier nicht diskutieren, inwiefern dies zutrifft. Denn sogar wenn es stimmen würde, scheint es mir höchstens dafür ein Grund zu sein, dass Individuen die Erhaltung der eigenen Gruppe wünschen, und nicht etwa ein Grund, welcher den intrinsischen Wert der Gruppe oder ihr objektives Recht auf Existenz begründet – es sei denn, diese Wünsche seien an sich hinreichend, um einen solchen Wert oder ein solches Recht zu begründen.

9 Vgl. Margalit und Raz (1995, S. 86–87).

P3 schliesslich behauptet eine Abhängigkeitsbeziehung zwischen der Erhaltung einer Gruppe und ihrer politischen Selbstverwaltung.[10] Die Geschichte lehrt uns nun zwar einerseits, dass Selbstverwaltung manchmal zum Erhalt einer Kultur beigetragen hat oder sogar notwendig dafür war; aber sie lehrt andererseits auch, dass zwischen dem politischen Status einer Gruppe und dem Aufblühen ihrer Kultur bisweilen kein Zusammenhang besteht. Aber davon abgesehen verbirgt sich in der obigen Art von Argument ein noch tiefergreifendes Missverständnis. Die klassische politische Philosophie von Hobbes bis Kant verstand Selbstverwaltung nicht als ein Mittel zur Erhaltung eines Volkes oder einer Kultur. Stattdessen wurde die Selbstverwaltung entweder als Mittel zum Erhalt von Individuen (Hobbes) oder als Mittel zur Erhaltung von Freiheitsrechten (Rousseau und Kant) aufgefasst. Die Kommunitaristen freilich wollen über diese klassische Konzeption hinwegkommen. Aber um dies zu erreichen, müssen sie zeigen, worin deren Fehler bestehen. Prima facie jedenfalls wirkt die klassische Konzeption überzeugender als die kommunitaristische Alternative.

Lassen Sie mich nun zum zweiten Haupttypus von Rechtfertigungstheorien kommen: zu der *Interessentheorie der Rechte.*[11] Wie es ihr Name nahe legt, besagt diese Theorie, dass Interessen die Quelle überpositiver Rechte sind.[12] Diese Position ist in gewisser Weise plau-

10 Vgl. Margalit und Raz (1995, S. 88).

11 Siehe Leslie Green, ‹Two Views of Collective Rights›, in: *Canadian Journal of Law and Jurisprudence*, Band IV, Nr. 2, 1991.

12 Diese These scheint von Joseph Raz vertreten worden zu sein. Vgl. seine Definition von Recht, gemäss der ‹X genau dann ein Recht hat, wenn X Rechte haben kann und ceteris paribus ein Aspekt von Xs Wohlbefinden (sein Interesse) ein hinreichender Grund ist, um (einer) anderen Person(en) eine Pflicht aufzuerlegen› (‹X has a right if and only if X can have rights and, other things being equal, an aspect of X's well-being is a sufficient reason for holding some other person's to be under a duty›). Ich akzeptiere diese Definition nicht, weil ich denke, dass ein Interesse nie ein hinreichender Grund ist für eines anderen Pflicht.

sibler als die Werttheorie. Denn normalerweise behaupten die Leute nur dann, ein Recht auf etwas zu haben, wenn sie an diesem Etwas interessiert sind. Allerdings ist bezweifelbar, dass, um ein Recht auf eine Sache zu haben, es hinreichend oder sogar notwendig ist, ein Interesse daran zu haben. Wenigstens im Bereich der positiven Rechte sind wir an vielen Dingen interessiert, auf die wir kein Recht haben; und es gibt auch Dinge, auf die wir ein Recht haben, ohne an ihnen interessiert zu sein. Ich habe beispielsweise das Recht, bei den kommenden Wahlen Kandidat zu sein, obwohl ich an einer solchen Kandidatur gar nicht interessiert bin. Ich vermag nicht zu sehen, wie dies bei moralischen Rechten anders sein sollte.

Ein weiterer Schwachpunkt dieser Theorie ist die Erweiterung der Menge der Entitäten, die Interessen haben. Ihr zufolge ist es nämlich nicht notwendig, sich eines Interesses bewusst zu sein (oder fähig zu sein, sich des Interesses bewusst zu werden), um ein Interesse an etwas zu haben. Vielmehr sei es hinreichend, eine Art teleologischen Modus von Existenz, eine innere Zweckgerichtetheit zu haben. Und demnach schreiben Verfechter dieses Argumentationstyps Pflanzen, Biotopen, biologischen Arten sowie – und darauf wollen wir ja hinaus – Kulturen und Gruppen Interessen zu. Ein Skeptiker würde diese teleologische Sicht auf die Welt natürlich in Frage stellen. Er würde mit gutem Grund Entitäten, die nicht bewusst Ziele verfolgen, den teleologischen Charakter absprechen. Besonders zweifelhaft ist es, dass Kulturen oder Gruppen Interessen haben – es sei denn sie haben eine interne Organisation, die es ihnen ermöglicht, ihre Interessen eindeutig zu artikulieren.

Aber sogar wenn wir dies akzeptieren würden, wäre die Theorie – meines ersten kritischen Einwandes wegen – zu verwerfen. Ihre Verfechter könnten freilich versuchen, sie zu verbessern, indem sie von berechtigten Interessen statt einfach nur von Interessen sprechen. Berechtigte Interessen sind Interessen, die Respekt und Schutz verdienen. In diesem Fall müsste dann aber auch gezeigt werden, welche Interessen berechtigt sind und warum. Die Beweislast würde also bei den Vertretern dieser Theorie bleiben.

Schliesslich bezweifle ich, dass Entitäten, die nicht in der Lage sind, Entscheidungen zu fällen und Willensakte zu vollziehen, Träger von Rechten sein können.[13] Wie wir später sehen werden, muss ein Wesen, um als Träger von Rechten in Frage zu kommen, sogar fähig sein zu verstehen, was eine Regel respektive was eine Pflicht ist und was es bedeutet eine Regel zu befolgen respektive eine Pflicht zu erfüllen. Dies ist bei Gruppen, deren interne Organisation sie befähigt ihre Interessen eindeutig zu formulieren, der Fall. Ethnische Gruppen allerdings haben nicht notwendigerweise eine solche interne Organisation.

Was die Legitimierung von Interessen betrifft, ist der dritte Typ von Rechtfertigungstheorie *(die kontraktualistische Theorie)* in einer weitaus besseren Position. Denn kontraktualistische Theorien bieten eine plausible Basis für die Unterscheidung zwischen berechtigten und nicht-berechtigten Interessen. Laut T. M. Scanlons[14] Version von Kontraktualismus gilt das folgende Kriterium von richtig und falsch:

> Eine Handlung ist falsch, wenn Ihre Ausführung unter den gegebenen Umständen von jedem möglichen System von rechtlichen Regeln (d. s. allgemeine Regeln für menschliches Verhalten) verboten würde, das niemand vernünftigerweise als Basis für eine informierte, nicht erzwungene allgemeine Übereinkunft zurückweisen könnte.

13 Was diesen Punkt betrifft, stimme ich mit L.W. Sumner überein, *The Moral Foundations of Rights*, Oxford 1987, S. 209.

14 Vgl. T. M. Scanlon ‹Contractualism and Utilitarianism›, in: *Utilitarianism and Beyond*, ed. A. Sen und B. Williams, Cambridge University Press 1982, S. 110. Vgl. auch T. M. Scanlon 1998, *What We owe to Each Other*, Cambridge Mass. and London.

Demnach ist ein Interesse genau dann berechtigt, wenn sein Schutz durch jedes System von Rechtsregeln gewährleistet würde, das niemand vernünftigerweise als Basis für eine informierte, nicht erzwungene allgemeine Übereinkunft zurückweisen könnte. Also hat eine Minderheit genau dann ein überpositives Recht zu existieren, wenn niemand vernünftigerweise eine Regel zurückweisen könnte, welche die Existenz dieser Gruppe schützt.[15]

Aber auch diese Konzeption wirft zahlreiche skeptische Fragen auf. Die wichtigste unter ihnen lautet: Wie haben wir die Bedingung des vernünftigen Zurückweisens zu verstehen? Was sind die Gründe, die es jemandem erlauben, eine allgemeine Übereinkunft bezüglich einer allgemeinen Verhaltensvorschrift zurückzuweisen? Gemäss Scanlons Antwort auf diese Frage ist es dafür nicht hinreichend, dass die zur Diskussion stehende Regel meine eigenen Interessen verletzt – hinzukommen muss, dass es mich härter trifft als es die anderen.[16] Wie Scanlon zu Recht einräumt, setzt dies aber die Vergleichbarkeit von Interessen voraus.

Uns interessiert aber hier nicht so sehr die Frage, ob Scanlons Version des Kontraktualismus in sich stimmig ist, sondern vielmehr ob sie auf das Existenzrecht von Gruppen anwendbar ist. Hier ist nun zunächst – wie ich vorhin argumentiert habe – zweifelhaft, ob Entitäten, die Interessen weder fühlen noch ausdrücken können, potentielle Träger von Interessen sein können. Es bleibt also strittig, ob die Rede von ‹Gruppeninteressen› überhaupt zulässig ist. Aber selbst wenn man dies einräumte, bliebe ungeklärt, wie eine allgemeine Verhaltensregel die Interessen einer Gruppe in stärkerem Masse soll verletzen können als die entgegenstehenden Interessen von Individuen.

15 T.M. Scanlon befasst sich in seinem Artikel nicht mit politischen Minderheitsrechten. Die von mir erwähnte Konklusion vollzieht Scanlon daher selber nicht, sie folgt aber logisch aus seiner allgemeinen kontraktualistischen Theorie.

16 Vgl. T.M. Scanlon 1982, S. 113, und ders. 1998, S. 213–218.

Betrachten wir einen Fall, wo die Gruppen-Interessen den Interessen von Individuen entgegengestellt sind. So könnte beispielsweise die Existenz einer Gruppe in Gefahr sein, weil eine zu grosse Zahl von Mitgliedern die Gruppe verlassen will. Das Interesse dieser Mitglieder (die Gruppe zu verlassen) wäre dann dem Interesse der Gruppe (die Mitglieder bei sich zu behalten) entgegengestellt. In einem solchen Fall müssten wir die Gruppen-Interessen mit den Interessen der Individuen vergleichen, um herauszufinden, wer durch eine vorgeschlagene Regel mehr benachteiligt wird, die Gruppe (die Regel erlaubt es den Individuen auszutreten) oder die Individuen (die Regel verbietet es ihnen auszutreten). Ohne dies zu wissen, können wir nicht sagen, wer von beiden einen vernünftigen Grund hat, die Regel zurückzuweisen, die die Interessen der gegenübergestellten Partei begünstigt. Aber um diesen Vergleich anzustellen, müsste ein Individuum fähig sein, sich in die Haut einer Gruppe zu versetzen und zu urteilen, wie schlecht diese sich fühlen würde, wenn ihre Interessen nicht geschützt wären. Dies jedoch scheint schlichtweg unmöglich. Deshalb ist die Vergleichbarkeit von Gruppen-Interessen und Individuen-Interessen äusserst fragwürdig. Dies ist mein erster Grund, mich bei der Rechtfertigung von Minderheitenrechten nicht dieser Version des Kontraktualismus zu bedienen.

Es gibt aber noch einen weiteren, wichtigeren Grund: Scanlons Kontraktualismus beruht auf der Annahme, dass Leute eine Motivation haben, ‹anderen gegenüber ihre Handlungen mit Gründen zu rechtfertigen, welche diese nicht vernünftigerweise zurückweisen könnten›[17]. Er behauptet zwar nicht, dass diese Motivation universell oder natürlich sei, glaubt jedoch, dass sie ‹ziemlich stark in den meisten Leuten verankert ist›[18]. Dies ist ein zu schwacher Ausgangs-

17 Vgl. T.M. Scanlon 1982, S. 116: ‹to justify one's actions to others on grounds they could not reasonably reject›.

18 Vgl. Op. cit., S. 117: ‹is quite strong in most people›.

punkt, um darauf eine allgemeine Theorie überpositiver Rechte aufzubauen. Eine kontraktualistische Theorie braucht ein Argument, das nicht nur zeigt, dass die meisten motiviert sind, sich anderen gegenüber zu rechtfertigen, sondern darüber hinaus zeigt, dass alle so motiviert sein sollten. Nur so wird uns die Theorie die Art von Rechtfertigung liefern, die wir suchen. Und dies ist der Grund, warum ich auch den dritten Typus von Begründung überpositiver Rechte nicht akzeptieren kann, wenngleich er nicht weit von meinem eigenen entfernt liegt. Diesen werde ich im nächsten Paragraphen einführen.

II

Im ersten Abschnitt habe ich mit skeptischen Argumenten gegen die drei verbreitetsten Typen von Rechtfertigung politischer Minderheitenrechte argumentiert. Nun muss ich mein Versprechen halten und den Skeptizismus in meiner eigenen Rechtfertigung solcher Rechte ernst nehmen. Ich muss zeigen, dass meine Theorie skeptischen Angriffen standhält. Zu diesem Zweck werde ich einen Skeptiker ins Auge fassen, der gar keine überpositiven Rechte akzeptiert. Die einzige Art von Rechten, die er anerkennt, sind positive Rechte; und er vertritt die Auffassung, dass die einzige denkbare Form von Recht positives Recht ist.

Zuvor will ich allerdings noch einmal auf den Unterschied zwischen positivem und überpositivem Recht eingehen.[19]

19 Vgl. G. Seel 1985, *Légalité et légitimité: leurs rôles respectifs dans la garantie de la liberté,* in: Studia Philosophica 44, S. 21–33.

Def. 1: Eine juridische Norm ist genau dann eine positive Norm, wenn ihre Gültigkeit auf dem Gesetzgebungsakt eines legislativen Organs eines Staates beruht, der die Macht und den Willen hat, Verstösse gegen diese Norm zu bestrafen.

Def. 2: Eine juridische Norm ist genau dann eine überpositive Norm, wenn ihre Gültigkeit von jeglicher positiven Gesetzgebung unabhängig und dieser gegenüber vorgängig ist und im Wesentlichen auf einer theoretischen Begründung beruht.

Nun ist nicht ausgeschlossen, dass ein und derselbe normative Inhalt zunächst deshalb verbindlich ist, weil man mit zwingenden Argumenten zeigen kann, dass er befolgt werden soll, dann aber zusätzlich durch einen Gesetzgeber in positiver Weise verbindlich gemacht wird. Da gemäss obigen Definitionen der Unterschied zwischen einer positiven und einer überpositiven Norm nicht im Inhalt, sondern im Typus der Geltung liegt, kann eine Norm gleichzeitig positiv und überpositiv sein. Wir haben daher drei Arten von juridischen Normen zu unterscheiden: solche, die nur überpositive Geltung besitzen, solche, die nur positive Geltung, und solche die beide Formen von Geltung besitzen.

Der Skeptiker wird nun argumentieren, dass keine einzige Norm die Definition einer überpositiven Norm erfüllt, weil man die Gültigkeit einer Norm nicht begründen könne, ohne sich dabei selbst auf einen Gesetzgebungsakt zu stützen.

Diese Art von Skeptizismus kann nur überwunden werden, indem man zeigt, dass die Art von Gültigkeit, die der Skeptiker anerkennt, i. e. positive Gültigkeit, die Anerkennung der Gültigkeit mindestens einer überpositiven Norm voraussetzt. Ich habe dies in einem meiner Artikel im Einzelnen zu zeigen versucht[20]; hier muss eine kurze Skizze meines Argumentes genügen.

20 G. Seel 1999, *Wie weit kann man den praktischen Naturalismus treiben*, in: Grazer Philosophische Studien, Vol. 57, S. 275–310.

Um die Gültigkeit positiver Normen rechtfertigen zu können, brauchen wir so genannte Brückenprinzipien. Dies sind Konditionale oder Bi-Konditionale, die eine praktische und eine theoretische Aussage verknüpfen. Sie besagen mit anderen Worten, dass etwas genau dann der Fall sein soll, wenn etwas anderes der Fall ist. Ein Beispiel für ein solches Brückenprinzip sieht folgendermassen aus:

Eine positive Norm x ist im Staat y genau dann gültig, wenn x erfolgreich einen Gesetzgebungsprozess gemäss der Verfassung von y durchlaufen hat.

Ein anderes Beispiel wäre Hans Kelsens Grundnorm, welche besagt, dass eine positive juridische Norm genau dann gültig ist, wenn sie in Übereinstimmung mit den Regeln der Verfassung eines Staates in Kraft gesetzt worden ist und wenn sie sich über eine genügend lange Zeitspanne als wirksam erweist, i. e., wenn sie von den meisten Bürgern während langer Zeit befolgt wird.[21]

Nun ist es aber evident, dass Brückenprinzipien nichts zu rechtfertigen vermögen, wenn sie nicht ihrerseits gültig sind. Radikale Positivisten oder Konventionalisten versuchen zu zeigen, dass diese Gültigkeit nur positive Gründe haben kann. Das bedeutet, dass sie ihrerseits in einem Brückenprinzip des obigen Typs fundiert sind. Es kann aber unschwer gezeigt werden, dass dies entweder zu einem infiniten Regress oder zu einem viziösen Zirkel führt. Keines von beiden ist akzeptabel. Daraus ist der Schluss zu ziehen, dass die Gültigkeit positiver Normen mindestens eine gültige überpositive Norm voraussetzt. Dies ist auch der Grund, warum Hans Kelsen seine Grundnorm als ‹nicht gesetzt, sondern vorausgesetzt› bezeichnet.

Folglich steht der Skeptiker vor folgendem Dilemma: entweder muss er die Behauptung fallen lassen, dass es gültige positive Normen gibt, oder er muss der These zustimmen, dass es mindestens eine überpositive Norm gibt, die für den Gesetzgeber und den Staats-

21 Hans Kelsen 1960, *Reine Rechtslehre*, Wien, S. 212–220.

bürger verbindlich ist. Freilich kann sich der Skeptiker immer noch für den ersten Weg entscheiden. Aber wenn er dies tut, so ist er nicht länger moralisch berechtigt, allfällige Übertreter positiver Gesetze zu tadeln oder zu bestrafen. Wenn wir diese Konsequenz vermeiden wollen, sind wir aufgefordert, ein praktisches Prinzip zu finden, welches a) geeignet ist, die Rolle eines Brückenprinzips bei der positiven Gesetzgebung zu spielen und b) so formuliert ist, dass es die Chance hat, von allen als gültig anerkannt zu werden.

Bevor wir versuchen, ein solches Prinzip zu finden, sollten wir uns überlegen, wie wir dabei vorgehen. Wir könnten natürlich einfach das erste Prinzip wählen, das uns die Aufgabe zu lösen scheint – zum Beispiel Kelsens Grundnorm. Allerdings würden wir uns dann selber skeptischen Einwänden ausliefern, was nur vermieden oder wenigstens geschmälert werden kann, wenn wir nach einem Prinzip Ausschau halten, das die folgenden Eigenschaften aufweist:

1. Es soll so schwach wie möglich sein. Dies macht es weniger anfällig für Kritik und leichter akzeptierbar.
2. Es sollte so fundamental wie möglich sein. Dies bedeutet, dass seine Gültigkeit im Idealfall von keinem anderen Prinzip abhängt, und die Gültigkeit jedes anderen praktischen Prinzips direkt oder indirekt von ihm abhängt.
3. Es sollte ein praktisches und kein theoretisches Prinzip sein.

Ich habe anderswo erklärt, wie ein solches Prinzip gefunden und gerechtfertigt werden kann.[22] Hier kann ich nur mein Hauptargument zusammenfassen. Es beruht auf meiner Konzeption von Rationalität und praktischer Geltung. Ich definiere Rationalität als das Vermögen eines Wesens, Entscheidungen durch die Anwendung von Ent-

22 G. Seel 1983, *Ist der praktische Begründungsprozess abschliessbar?*, in: G. Frey u. J. Zelger (ed.), Der Mensch und die Wissenschaften vom Menschen, Innsbruck , S. 609 ff.

scheidungskriterien und vor allem durch die Anwendung allgemeiner Entscheidungskriterien, i.e. Regeln, zu fällen. Rationale Wesen sind frei, ein gegebenes Kriterium anzuwenden oder auch nicht. Sie üben diese Freiheit aus, indem sie entscheiden, ob sie das Kriterium in einer bestimmten Entscheidungssituation anwenden oder nicht. Analog zur Unterscheidung zwischen Objekt- und Metasprache nenne ich diese Art von Entscheidung ‹Metaentscheidung›. Die Frage ist nun, ob es auch für die Metaentscheidung ein Kriterium gibt, welches dem Entscheidungsträger sagt, wie er sich entscheiden soll und wenn ja, welches dieses Kriterium ist. Die Antwort lautet, dass es tatsächlich ein Kriterium für die Metaentscheidung gibt und dass dieses aus einem praktischen Satz besteht, der sagt, dass das gegebene Kriterium in der Entscheidung erster Ordnung angewandt werden sollte. Ich benutze diesen Grundgedanken, um den Begriff der praktischen Geltung zu definieren:

> Ein praktischer Satz oder eine Norm ist genau dann gültig, wenn sie von jedem Entscheidungsträger angewendet werden soll, der sich in einer Entscheidungssituation befindet, die unter diesen Satz oder diese Norm fällt.

Eine Entscheidungssituation fällt unter einen praktischen Satz genau dann, wenn mindestens eine der Entscheidungsmöglichkeiten, durch welche die Entscheidungssituation definiert ist, durch den praktischen Satz als wählbare oder zu wählende ausgezeichnet wird oder wenn sich ein Satz, der dies tut, in gültiger Weise aus dem ersteren ableiten lässt.

Definiert man praktische Geltung in dieser Weise, so unterscheidet sie sich radikal von theoretischer Geltung, i.e. von Wahrheit, hinsichtlich ihrer Geltungsbedingungen.[23] Die Geltung eines prak-

23 Vgl. G. Seel 1999.

tischen Satzes hängt letztendlich nicht davon ab, wie die reale Welt beschaffen ist, sondern von der logischen Relation, in der er zu anderen geltenden praktischen Sätzen steht, und von dem Vermögen rationaler Wesen, praktische Sätze in Kraft zu setzen, i.e. von deren Befugnis zur Normensetzung.

Rationale Wesen sind in der Tat fähig und berechtigt, praktische Sätze oder Normen in Kraft zu setzen, indem sie sich alleine oder zusammen mit anderen verpflichten, diese zu befolgen. Woher kommt diese eigenartige Befugnis, sich zu verpflichten, und wie ist sie gerechtfertigt? Ich behaupte, dass sie im folgenden Prinzip begründet liegt, das ich für das fundamentalste praktische Prinzip halte:

> Rationale Wesen sind verpflichtet, ihre Entscheidungen nicht blind, sondern rational zu fällen, i.e., bei ihren Entscheidungen Kriterien zu verwenden.

Diese Verpflichtung kann nicht durch ein anderes praktisches Prinzip begründet oder von einem solchen abgeleitet werden; vielmehr hängen sämtliche Begründungen anderer Prinzipien von ihr ab. Bei der Verteidigung dieses Prinzips muss ich daher ein transzendentales Argument gebrauchen: Jemand, der die Geltung des obigen Prinzips verneint, muss zugeben, dass der Gebrauch von Entscheidungskriterien und das Befolgen von Regeln restlos beim einzelnen Entscheidungsträger liegt, und dass niemand je verpflichtet sein kann, ein bestimmtes Kriterium anzuwenden oder eine bestimmte Regel zu befolgen. Das aber würde bedeuten, dass kein praktisches Prinzip je praktische Geltung haben könnte. Andererseits ist das obige Prinzip extrem schwach. Es verlangt lediglich, dass jedes rationale Wesen für sich Entscheidungskriterien in Kraft setzten soll, derer es sich dann bei seiner Entscheidungsfindung bedienen soll, und es gibt jedem rationalen Wesen die Befugnis, dies zu tun. Es schreibt aber nicht vor, welchen Inhalt diese Kriterien haben sollen. Vielmehr ist es jedem Einzelnen überlassen, welche Kriterien er für sich in Kraft setzen will.

Obwohl das eben erreichte normative Prinzip sehr schwach ist, kann ich es zur Konstruktion einer Theorie verwenden, die es uns erlaubt, überpositive juridische Normen zu rechtfertigen. Ich muss hierfür einzig seinen Geltungsbereich ausdehnen: Eine Person, die für sich gemäss dem Rationalitäts-Prinzip ein System von Entscheidungskriterien oder Normen setzt, erwirbt damit zugleich das Vermögen, in Übereinstimmung mit sich selbst zu leben, i. e. den Widerstreit zwischen seinen Entscheidungen zu vermeiden. Die Norm der praktischen Rationalität kann deshalb auch als das Gebot, kohärent zu leben, verstanden werden, wie es bereits von den Stoikern verlangt wurde.

Sobald nun mehrere Leute durch ihre Entscheidungen in Kommunikation und Interaktion miteinander treten, müssen wir eine mögliche Ausdehnung des Geltungsbereichs unseres obersten Prinzips ins Auge fassen: Die Vernunft verlangt nicht nur, dass eine Person mit sich selbst kohärent ist, sondern auch, dass Personen in ihren Entscheidungen untereinander kohärent sind. Wir sollten freilich nicht den Fehler begehen zu glauben, dass diese Ausdehnung analytisch aus dem obersten praktischen Prinzip folge.[24] Um diesen Fehler zu vermeiden sollten wir daher nach einer anderen Begründung Ausschau halten.

Versuchen wir eine Analogie zu einem anderen eher unproblematischen Fall der Ausdehnung des Geltungsbereichs eines fundamentalen Prinzips herzustellen. Normalerweise halten wir das fol-

24 Utilitaristen haben der Gefahr eines analogen Fehlers beim Erlangen des handlungs-utilitaristischen Prinzips durch das Vergrössern des Gültigkeitsbereichs des subjektiven Prinzips der egoistischen Interessenmaximierung nicht immer genug Achtung gezollt. Von der Pflicht, dass jeder seine eigenen Präferenzen bestmöglichst befriedigen soll, folgt nämlich nicht, dass jedermann die Pflicht habe, die Präferenzen aller bestmöglichst zu befriedigen.

gende praktisches Prinzip für gültig: Jedes rationale Wesen ist verpflichtet, dafür zu sorgen, dass zwischen den Aussagen, die es für wahr hält, kein Widerspruch besteht. Durch die Ausdehnung der Geltung dieses Prinzips auf den intersubjektiven Bereich erlangen wir eine Norm, die diejenigen, welche sich gemeinsam um Erkenntnis bemühen, verpflichtet, durch Argumente und theoretische Beweise oder Widerlegungen ein System kohärenter theoretischer Aussagen zu erreichen, die von jedermann für wahr gehalten werden. Diese Ausdehnung der Geltung eines Prinzips, das zunächst nur für das Individuum formuliert war, auf den intersubjektiven Bereich ist – obwohl nicht logisch deduziert – unproblematisch, weil eine Gruppe von Forschern ihr Erkenntnisziel nicht erreichen kann, ohne ein System kohärenter Aussagen zu finden, die von allen als gültig akzeptiert werden.

Prima facie könnte man glauben, dass die Ausdehnung des Geltungsbereichs unseres obersten praktischen Prinzips aus genau den gleichen Gründen zu akzeptieren ist. Aber die von mir eingeführte Analogie erweist sich bei näherem Hinsehen als nicht hinreichend, um diese Folgerung zu ziehen. Ein Vergleich des Bereichs der praktischen Geltung mit dem Bereich theoretischer Wahrheit kann dies verdeutlichen. Im letzteren hängt die Wahr- oder Falschheit einer Aussage gemäss der Korrespondenztheorie der Wahrheit in erster Linie von ihrer Beziehung zur Wirklichkeit ab, und die Übereinstimmung der Auffassungen der einzelnen Wissenschaftler ist im Idealfall lediglich eine Konsequenz der Wahrheit dieser Auffassungen und kann daher als – freilich unzureichendes – Wahrheitskriterium angesehen werden. Im Bereich der Praxis hingegen ist – wie ich oben argumentiert habe – die Geltung eines Satzes oder die Richtigkeit einer Handlung nicht durch die Korrespondenz mit einer von den menschlichen Handlungen unabhängigen Wirklichkeit definiert, sondern durch die Pflicht, in bestimmter Weise zu entscheiden und zu handeln. Diese Pflicht hat ihren Ursprung in einer Eigenschaft, die alle rationalen Wesen teilen, nämlich der Vernünftigkeit. Daher fungiert hier die Übereinstimmung der Entscheidungen und Handlungen nicht nur als Kriterium der Geltung, sondern sie macht sie geradezu allererst aus. Um diese konstitutive Rolle des Konsenses der Entscheider zu begründen ist die Analogie mit der theoretischen Übereinstimmung von Meinungen sicher nicht hinreichend. Dazu müssen wir die Beziehungen zwischen praktischer Geltung, Rationalität und Intersubjektivität weiter analysieren.

Der erste entscheidende Punkt in dieser Frage ist, dass Vernünftigkeit nicht das Privileg eines oder einer beschränkten Gruppen von Menschen sein kann. Wenn ein Mensch Vernunft besitzt, dann besitzen sie alle. Dies hat zur Folge, dass im Prinzip jeder Richter in der Frage ist, ob ein anderer eine für diesen anderen gültige Regel oder Norm befolgt oder verletzt hat.[25] Somit hat das individuelle Normenbefolgen virtuell einen Bezug auf die Vernunft aller anderen Menschen: Es ist virtuell der Beurteilung durch die anderen ausgesetzt und hat sich diesen gegenüber zu verantworten, auch dann, wenn die Quelle der Geltung der jeweiligen Norm sein eigener Entschluss ist. Daher rührt das erstaunliche Phänomen, dass wir Menschen einen so grossen Wert darauf legen, dass andere mit dem, was wir tun, einverstanden sind. Nun könnte ja jemand auf die Idee kommen, sich der Beurteilung seines Normenbefolgens durch andere dadurch zu entziehen, dass er dem anderen den Status eines Vernunftwesens abspricht und ihn als Richter nicht anerkennt. Dies wäre aber offensichtlich ein Fall von ‹mauvaise foi›[26], ein ‹Sich in die eigene Tasche lügen›.

25 Dies ist auch der Punkt den Wittgenstein m. E. mit seinem berühmten Privatsprachenargument im Blick hatte. Nur hat er dem Argument eine Formulierung gegeben, die Prämissen enthält, die offensichtlich falsch sind.

26 Vgl. Jean-Paul Sartre 1943, *L'être et le néant*, ch. 2, S. 85–111.

Hier begegnen wir einer ersten moralischen Norm, die das Verhalten anderen vernünftigen Wesen gegenüber betrifft: Wenn jemand andere nicht als rationale Wesen anerkennt, mit der Absicht, damit deren Richterspruch zu entgehen, so ist diese Nicht-Anerkennung so lange nicht gerechtfertigt, als er keine Gründe dagegen angeben kann, dass die anderen rationale Wesen sind. Jedes vernünftige Wesen ist somit moralisch verpflichtet, ein anderes Wesen als vernünftiges Wesen, d.i. als potentiellen Richter, anzuerkennen, welches äusserlich ausreichende Indizien für seine Vernünftigkeit aufweist. Eine erste Formulierung dieser moralischen Norm findet sich bei Fichte.[27] Aber auch ungekehrt gilt, dass ein vernünftiges Wesen als Richter über das Normenbefolgen anderer vernünftiger Wesen diesen sein Einverständnis nicht verweigern darf, wenn es zu dem Ergebnis kommt, dass diese die von ihnen in Kraft gesetzten Normen korrekt befolgt haben.

Nun besteht dieselbe Pflicht aber offensichtlich auch, was das Befolgen derjenigen Normen betrifft, deren Geltung – wie die Geltung der oben entdeckten ersten moralischen Norm – nicht von der Selbstverpflichtung eines Individuums abhängt. Deshalb ist, auch was die Erfüllung der fundamentalen Pflicht zur Anerkennung anderer angeht, jedermann ein möglicher Beurteiler jedermanns.[28] Und in der Tat: Wenn es für ein Individuum einen Unterschied zwischen dem Fällen einer moralisch richtigen und dem Fällen einer moralisch falschen Entscheidung geben sollte – was der Skeptiker freilich bestreiten wird –, dann ist jedes rationale Wesen, auch was diesen Unterschied anbetrifft, ein möglicher Richter. Daher kann sich grundsätzlich niemand für moralisch gerechtfertigt halten, so lange jemand

27 Vgl. J.G. Fichte 1796, *Grundlage des Naturrechts nach Prinzipien der Wissenschaftslehre*, Jena u. Leipzig, 1. Hauptstück, § 4, 3. Hauptstück, § 12.

28 Kant hat denselben Gedanken in seiner Konzeption des ‹Reichs der Zwecke› zum Ausdruck gebracht (vgl. AA IV, 433–34).

anderer gute Gründe hat, seine Entscheidungen und Handlungen moralisch zu missbilligen. Wenn umgekehrt jemand keinen guten Grund hat, die moralischen Entscheidungen und Handlungen anderer rationaler Wesen zu missbilligen, so ist er verpflichtet, ihnen zuzustimmen. Die Beweislast liegt also bei demjenigen, der dem Entscheidenden respektive dem Handeln anderer nicht zustimmt.

Die drei Punkte zusammengenommen ergeben, dass – sobald es eine Vielzahl rationaler Wesen gibt, die miteinander kommunizieren – das Akzeptieren der Idee der praktischen Geltung mit der Pflicht zur intersubjektiven Übereinstimmung einhergeht. Dies ist freilich zunächst nur eine rein formale Pflicht, deren Anwendung davon abhängt, welche anderen inhaltlichen moralischen Pflichten allenfalls begründet werden können. Denn von den letzteren hängt es ab, welche Gründe rationale Wesen allenfalls haben können, den Entscheidungen und Handlungen anderer beizupflichten oder ablehnend gegenüber zu treten. Gleichwohl geben uns die vorausgegangenen Überlegungen einen besseren Grund für den Kontraktualismus als der von Scanlon vorgebrachte. Es ist eben nicht nur de facto so, dass Menschen die Zustimmung anderer Menschen suchen, sondern es besteht auch eine moralische Verpflichtung dazu, sofern es eine Pflicht gibt, ein rationales Entscheidungsleben zu führen.

Nun haben vernünftige Wesen, die miteinander in Interaktion stehen, tatsächlich oftmals ein Motiv, mit den Entscheidungen und Handlungen anderer nicht einverstanden zu sein. Dies ist immer dann der Fall, wenn die Entscheidungen und Handlungen der anderen die eigenen Handlungen behindern und deren Erfolgsaussichten mindern. Es ist jedoch ein Irrtum zu glauben, dies sei als solches auch schon ein rationaler Grund, mit den Entscheidungen und Handlungen der anderen nicht einverstanden zu sein. Denn solange es keine moralische Norm gibt, die das Behindern der Handlungen anderer verbietet, hat der Behinderte keinen Anspruch auf Nichtbehinderung und somit auch keinen rationalen Grund, sein

Einverständnis mit dem Handeln des anderen zu verweigern. Er ist somit moralisch verpflichtet, dieses zu geben. Daraus darf man freilich nicht die christliche Schlussfolgerung ziehen, dass der Geschädigte – im Sinne des ‹Halte ihm auch noch die andere Wange hin› (Luk. 6, 29) – die moralische Pflicht habe, diese Schädigung durch den anderen zu dulden. Denn wenn sich der Geschädigte wehrt, hat – in Abwesenheit einer moralischen Norm – auch der Schädiger keinen rationalen Grund, das Einverständnis mit der Abwehr des Geschädigten zu verweigern.[29]

Diese Situation, in welcher das vernünftige Wesen auf der Grundlage seiner eigenen egoistischen Interessen die Entscheidungen und Handlungen anderer verurteilt, es aber keine normative Basis dafür gibt, dies zu Recht zu tun, sondern im Gegenteil die Abwesenheit solcher Normen das vernünftige Wesen verpflichtet, damit einverstanden zu sein, ist weder befriedigend für die Individuen noch förderlich für die vernunftgebotene wechselseitige Anerkennung vernünftiger Wesen. Diese missliche Situation ist nur überwindbar, wenn es eine Pflicht für alle interagierenden Individuen gibt, ihre Befugnis zur Selbstverpflichtung zu nutzen, um gemeinsam alle Beteiligten verbindende Normen zu setzen, die regeln, welche Behinderungen anderer zulässig sind und welche nicht.[30] Denn niemand kann sich vernünftigerweise weigern, den Entscheidungen und Handlungen eines anderen beizupflichten, wenn diese Entscheidungen und Handlungen die Normen einhalten, welche alle gemeinsam eingeführt haben. Wer die christliche Moral umgehen will und keine andere Möglichkeit hat, das Einverständnis der anderen zu erhalten, ist da-

29 Dies entspricht dem Hobbesschen Naturrecht, das es jedermann erlaubt, seine Interessen nach eigenem Gutdünken zu verfolgen.

30 Philosophen wie Hobbes haben versucht diese Pflicht auf dem rationalen egoistischen Interesse der Individuen zu begründen. Diese Basis ist jedoch zu schwach.

her moralisch verpflichtet, mit allen anderen zusammen eine Institution (den Staat) zu errichten, die es möglich macht, nach einem gemeinsam beschlossenen positiven Gesetz zu leben. Dies ist klarerweise eine Norm mit juridischem Inhalt und dementsprechend die erste Norm des Vernunftrechts.

Aus dieser Norm können wir eine erste Gruppe von Menschenrechten ableiten: die so genannten Rechte der politischen Mitbestimmung. Diese Rechte liegen alle im folgenden Prinzip begründet: Jedes rationale Wesen hat gegenüber jedem anderen rationalen Wesen, mit dem es kommuniziert, das Recht auf die gemeinsame Gründung eines Staates und darauf, als vollwertiges Mitglied dieses Staates anerkannt zu werden.[31] Dieses Prinzip wird nun der Ausgangspunkt für meine Begründung der politischen Minderheitenrechte sein.

III

Gemäss der kontraktualistischen Begründung des Rechts, wie sie im vorigen Kapitel entwickelt wurde, haben Personen, die zu einander in Kommunikations- und Interaktionsverhältnissen stehen, gegen einander sowohl überpositive Rechte wie auch überpositive Pflichten. Diese Rechte und Pflichten betreffen die Bildung eines Staates und das In-Kraft-Setzen und Anwenden von positivem Recht. Demnach ist das In-Kraft-Setzen von positivem Recht selber eine moralische Verpflichtung. Dies haben kontraktualistische Begründungen des Staates schon immer behauptet. Aber in ihrer Gesetzgebung sind die Personen nicht vollkommen frei. Vielmehr sind die Grenzen und

31 Vgl. I. Kant, *Metaphysik der Sitten*, Paragraph 44, AA 312.

Inhalte des positiven Rechts durch weitere überpositive Regeln bestimmt. Die erste und allgemeinste dieser Regeln ist die folgende:

> Eine Verhaltensregel eignet sich genau dann dafür, zu einem positiven Gesetz gemacht zu werden, wenn niemand einen vernünftigen Grund haben kann, sie als Gegenstand einer allgemeinen Übereinkunft abzulehnen, welche auf der korrekten Information aller Beteiligten beruht und völlig zwangfrei ist[32].

Um dieses Prinzip anzuwenden, müssen wir wissen, was als vernünftiger Grund in Frage kommt, eine zum Konsens vorgeschlagene Verhaltensregel abzulehnen. Wie wir gesehen haben, kann dieser Grund nicht einfach in einem subjektiven Interesse oder einer puren subjektiven Willkür einer Person bestehen. Vielmehr sollte er auf einem gerechtfertigten Interesse oder einem gerechtfertigten Willen beruhen. Aber unter welchen Bedingungen ist ein Interesse oder ein Wille gerechtfertigt?

Die folgende Antwort scheint zunächst plausibel: Ein Interesse oder ein Wille einer Person ist so lange und so weitgehend gerechtfertigt, als seine Umsetzung mit der Realisierung der Interessen und Willen aller anderen kompatibel ist.

Allerdings ist fragwürdig, ob man dieses Kriterium überhaupt anwenden kann. Denn die Interessen und Absichten der Personen, die miteinander in Interaktion stehen, sind, wie wir gesehen haben, meist in Art und Stärke recht verschieden, ja sie sind oft auch den Interessen und Absichten anderer Personen entgegengesetzt. Wie also können wir garantieren, dass die Umsetzung unserer Interessen mit

32 Vgl. die entsprechende Formel des Kontraktualismus von T. M. Scanlon (1982, S. 110), die ich für meine Zwecke leicht angepasst habe. Vgl. auch T. M. Scanlom 1998, S. 194.

der Realisierung der Interessen aller anderen kompatibel ist? Dieses Problem kann dadurch gelöst werden, dass wir von den konkreten und sehr verschiedenartigen Interessen der einzelnen Personen zu einem allen Personen gemeinsamen Interesse übergehen. Dieses kann nur in dem Interesse an der Möglichkeit bestehen, seine jeweiligen eigenen Interessen so frei und so effizient wie möglich verfolgen zu können. Traditionellerweise nennen die Philosophen die Möglichkeit, seine Interessen ungehindert verfolgen zu können, ‹Freiheit›. Mit Bezug darauf definierte Kant bekanntlich das angeborene Recht wie folgt:

> Freiheit (Unabhängigkeit von eines Anderen nöthingender Willkür), sofern sie mit jedes Anderen Freiheit nach einem allgemeinen Gesetz zusammen bestehen kann, ist dieses einzige, ursprüngliche, jedem Menschen kraft seiner Menschheit zustehende Recht. (Metaphysik der Sitten, AA VI, 237).

In Anlehnung an Kant definiere ich:

> Das Interesse oder der Wille einer Person ist genau dann berechtigt, wenn seine Umsetzung mit der gleichen Freiheit aller anderen, ihre Interessen zu realisieren, kompatibel ist.

Ein Mensch kann nun die Freiheit eines anderen auf zwei Arten einschränken: Er kann die Handlungen des anderen entweder durch Gewaltanwendung direkt behindern oder er kann dessen Handlungen durch Vorenthaltung der nötigen Mittel erschweren oder unmöglich machen. Positives Recht muss beide Arten von Einschränkung regulieren, um jedem eine gleiche Freiheit in der Verfolgung seiner eigenen Interessen zu garantieren. Daraus resultieren dann – nach den Rechten, welche die politische Partizipation schützen – die Rechte, die die Freiheit der Person garantieren und die sozialen

Grundrechte als die beiden anderen Gruppen der Grund- und Menschenrechte.[33]

Allerdings muss die Einschränkung der Freiheit, welche das Recht mit sich bringt, nach dem Prinzip des rechtlichen Minimalismus geschehen:

> Die gesetzliche Einschränkung der Freiheit eines Menschen darf niemals über das Mass hinausgehen, das erforderlich ist, um jedermanns gleiche Freiheit zu schützen.[34]

Dieses Mass hängt von der äusseren ökonomischen Situation ab, in der die Menschen jeweils leben, und ist daher, je nach dem technologischen Entwicklungsniveau der jeweiligen Gesellschaft, unterschiedlich hoch. Im Idealfall, d.h. in einer Situation, in der jeder seine eigenen Interessen realisieren kann, ohne dazu die Interessen irgendeines anderen zu beschneiden, ist jede Einschränkung von irgendjemandes Freiheit verboten, allerdings mit der folgenden Ausnahme: Das Gesetz muss auch in diesem Falle Schädigungen anderer verbieten, die nicht dem eigenen Interesse dienen und daher auf reiner Bosheit beruhen.[35] Aber dieser Idealfall war allenfalls im ‹goldenen Zeitalter› einmal realisiert und wird erst, wenn die Utopisten Recht haben, am Ende der Zeiten wiederkehren. In der bisherigen Geschichte war es jedoch immer so, dass ein Maximum der Befriedi-

33 Vgl. G. Seel 1992, *Postface – Le pouvoir politique et les droits de l'homme,* in: La politique et les droits, Cahiers de philosophie politique et juridique 21, Caen, S. 233–251.

34 Vgl. H. Oberer 1977, ‹Praxisgeltung und Rechtsgeltung›, in: *Lehrstücke der praktischen Philosophie und der Ästhetik*, ed. K. Bärthlein und G. Wolandt, Basel 1977, S. 106.

35 Vgl. G. Seel 1977, *Struktur und Geltung des wirtschaftlichen Handelns*, in: *Lehrstücke der praktischen Philosophie und der Ästhetik*, ed. K. Bärthlein und G. Wolandt, Basel 1977, S. 168–171.

gung eigener Interessen die Beschneidung der Interessen anderer zur Folge hat. Daher beeinflussen die Menschen einander in ihren Handlungen positiv oder negativ, und dies macht es nötig, ihre Freiheit entsprechend einzuschränken.[36]

Ich will nun untersuchen, ob das angeborene Recht auf Freiheit eine Basis dafür abgibt, das überpositive Recht einer politischen Minderheit auf Selbstverwaltung zu rechtfertigen. Auf den ersten Blick scheint es durchaus so zu sein. Denn wenn Leute, die sich gegenseitig in ihren Handlungen behindern, moralisch verpflichtet sind, diese Behinderung durch positives Recht zu regulieren, dann müssen die Mitglieder von Gruppen, die ein bestimmtes begrenztes Territorium bewohnen und daher zwangsläufig in enger Interaktion stehen, auch das überpositive Recht haben, einen Staat zu bilden. Wir dürfen dabei aber nicht vergessen, dass gemäss der eingangs gegebenen Definition eine politische Minderheit eine Gruppe ist, deren Mitglieder bereits in einem existierenden Staat Bürgerrechte haben. Daher lässt sich das Menschenrecht auf die Gründung eines Staates nicht ohne weiteres auf den Fall der politischen Minderheiten anwenden. Es fragt sich, ob die Existenz von positivem Recht auf der Basis einer staatlichen Ordnung das Recht der in diesem Staat lebenden Gruppen aufhebt, auf dessen Territorium einen anderen Staat zu gründen und damit die Existenz des bereits existierenden Staates zumindest in seiner bisherigen Form zu gefährden. Zwei Argumente sprechen dafür: 1. Durch die Gründung eines Staates sind die Individuen ihrer überpositiven Verpflichtung, unter gemeinsam vereinbarten Gesetzen zu leben, bereits nachgekommen. Es gibt keine Verpflichtung, dies ein zweites Mal zu tun. Da das Recht auf Gründung eines Staates eine Folge der zuvor genannten Pflicht ist, besteht dieses Recht nicht mehr, sobald diese Pflicht erfüllt ist. 2. Die Pflicht, einen Staat zu gründen, impliziert die Pflicht, den Gesetzen des Staates

36 Vgl. G. Seel 1977, S. 168–171.

Folge zu leisten. Wenn daher das positive Recht eines Staates die Abspaltung eines Teiles desselben oder eine andere Art von Selbstverwaltung einer Gruppe auf dem Gebiet des Staates nicht duldet, können die Mitglieder einer in diesem Staate lebenden Gruppe kein positives oder überpositives Recht auf Selbstverwaltung haben. Beide Argumente zwingen uns, die Pflichten und Rechte etwas genauer unter die Lupe zu nehmen, die sich aus der überpositiven Pflicht zur Gründung eines Staates ergeben. Vielleicht ergibt sich auf diese Weise eine neue Basis für die Begründung der Rechte politischer Minderheiten.

1. Als erstes ist die kontingente historische Tatsache von Bedeutung, dass es in der Welt mehr als einem Staat gibt. Diese Tatsache geht mit einem weiteren kontingenten historischen Faktum einher, demjenigen nämlich, dass die Menschen bei der Gründung der Staaten irgendwann einmal das Prinzip der territorialen Einheit anstelle der ethnischen oder kulturellen Einheit angewendet haben. Somit sind wir mit einer Vielzahl von Staaten konfrontiert, die voneinander durch geographische Grenzen getrennt sind und alle auf territoriale Souveränität Anspruch erheben. Es war eine von Kants bedeutendsten Einsichten, dass souveräne Staaten, welche miteinander in Interaktion stehen und sich gegenseitig in ihren Handlungen behindern und fördern können, von der Rechtsphilosophie nach Analogie der in Interaktion stehenden Individuen zu betrachten sind. Sie haben die überpositive Verpflichtung, ihre Interaktionen durch gemeinsam vereinbarte positive Gesetze zu regulieren und – um solche Gesetze in Kraft zu setzen – einen aus Staaten bestehenden Völkerstaat zu gründen. Dies hat allerdings die – von Kant nicht immer klar gezogene[37] – Konsequenz, dass der Einzelstaat seinen Anspruch auf

37 Vgl. G. Seel 1997, *‹Darin aber wäre ein Widerspruch›, Der zweite Definitivartikel zum ewigen Frieden neu gelesen*, in: H. Oberer (ed.), *Kant. Analysen – Probleme – Kritik*, Bd. III, Würzburg, S. 293–331.

Souveränität, d. h. auf das Recht, in allen rechtlichen und politischen Fragen die oberste und letzte Entscheidungsinstanz zu stellen, verliert. Souveränität in diesem Sinne muss das Privileg des allumfassenden aus Staaten bestehenden Staates sein, während die Einzelstaaten, die Glieder dieses umfassenden Staates sind, lediglich höchste Rechtsinstanz in ihren eigenen inneren Angelegenheiten sind. Gemäss diesem Prinzip muss die Bildung von aus Staaten bestehenden Staaten solange fortgesetzt werden, bis alle Staaten mittelbar oder unmittelbar Glieder eines einzigen weltumfassenden Staatenstaates sind, der die rechtliche Kompetenz zur Regelung der Konflikte, die zwischen den Staaten auftreten können, in letztinstanzlicher Weise besitzt. Dieser Staat ist dann der einzige echte souveräne Staat. Aber er besitzt nicht die Kompetenz, sich in die inneren Angelegenheiten seiner Mitgliedstaaten einzumischen, es sei denn, dass diese Rückwirkungen auf den Frieden zwischen den Staaten haben.

Was die Vernunft gemäss dieser Konzeption zu realisieren verlangt, ist nicht nur positives Recht, das den Frieden zwischen den Individuen garantiert, sondern positives Völkerrecht, das den Frieden zwischen den Staaten garantiert. Was es dazu braucht, ist nicht einfach ein Staat, sondern ein Bundesstaat. Damit haben wir ein weiteres fundamentales rechtsphilosophisches Prinzip formuliert, das Prinzip des Föderalismus.

Wenn nun die Argumentation, die mit den Verpflichtungen und Rechten der einzelnen Individuen beginnt und zu Verpflichtungen und Rechten immer umfassenderer Staaten führt, bei ihrer von unten nach oben verlaufenden Bewegung mit der Rechtfertigung eines föderalistischen Weltstaates endet, mag man fragen, ob die entgegengesetzte Bewegung von einem Weltstaat hinunter zu den Individuen nicht zum selben Resultat führen müsste. Nehmen wir – *argumenti gratia* – einmal an, dass die einzige gesetzgebende Institution ein nicht föderalistisch verfasster Weltstaat sei. Wäre ein solcher Staat berechtigt, durch positives Gesetz seine Umwandlung in eine Föderation durch Schaffung in ihren inneren Angelegenheiten selbständiger Teil-Staaten auf seinem Territorium zu verbieten? Wenn er dazu berechtigt wäre, so würden wir bei der von oben nach unten führenden Argumentation ein anderes Resultat erhalten als bei der von unten nach oben führenden. Da dies recht seltsam wäre, bezweifle ich, dass ein Weltstaat vernünftigerweise eine solche Ermächtigung haben könnte. Doch um dies zu beweisen, brauche ich eine tiefergehende Analyse des Inhalts der Übereinkunft, die der Gründung eines jeden Staates das Fundament gibt.

2. Ich sagte weiter oben, dass der Zweck eines Staates darin besteht, positive Verhaltensregeln in Kraft zu setzen, die es jedermann ermöglichen, damit einverstanden zu sein, was alle anderen machen. Eine Verhaltensregel – so argumentierte ich ferner – eignet sich genau dann als positives Gesetz, wenn niemand einen vernünftigen Grund hat, sie zurückzuweisen. Ein vernünftiger Grund, ein Gesetz zurückzuweisen, wäre die Tatsache, dass dieses die eigene Freiheit mehr als notwendig oder mehr als die Freiheit anderer einschränkt. Aber dies ist lediglich ein formales Kriterium. Es sagt noch nichts darüber, wann die Freiheit des einen mehr eingeschränkt ist als die Freiheit aller anderen und wann die Freiheit aller unnötig eingeschränkt wird.

Nun ist es ein triviales soziologisches Faktum, dass die Frage, ob ein Individuum seine Freiheit durch andere eingeschränkt sieht, entscheidend von seinen Interessen und Wertvorstellungen abhängt. Je stärker sich die Wertvorstellungen der Individuen unterscheiden, umso wahrscheinlicher ist es, dass es zwischen ihnen zu Konflikten kommt, und umso schwieriger dürfte es sein, zwischen Ihnen bezüglich einer gemeinsamen Verhaltensregel Übereinstimmung zu erreichen. Es ist daher aus pragmatischen Gründen ratsam, gemeinsame positive Rechte zunächst einmal unter denjenigen Individuen zu verabreden, die ein Minimum an Werten und Glaubensinhalten gemeinsam haben. Ist hingegen der Unterschied zwischen den Wertvorstellungen einzelner Gruppen zu gross, ist es ratsam, jeder Gruppe das Recht zuzugestehen, ihre eigenen inneren Angelegenheiten selber zu regeln, und nur die Verhältnisse zwischen den Gruppen durch ein von allen akzeptiertes übergeordnetes Recht zu regeln.

Dieses übergeordnete Recht muss auf dem Toleranzprinzip beruhen. Dieses umfasst zwei Forderungen: 1. Die Mitglieder einer jeden Gruppe sind verpflichtet, damit einverstanden zu sein, dass die Mitglieder der anderen Gruppen hinsichtlich bestimmter fundamentaler Werte anderer Meinung sind, unter der Bedingung, dass die anderen sich umgekehrt auch mit den eigenen Wertvorstellungen einverstanden erklären. ‹Mit den Wertvorstellungen anderer einverstanden sein› heisst dabei natürlich nicht ‹diese übernehmen›. 2. Die Mitglieder einer jeden Gruppe sind verpflichtet, bei der Umsetzung der eigenen Wertvorstellungen in äussere Handlungen sich Einschränkungen zu unterwerfen, soweit diese erforderlich sind, um den Mitgliedern der anderen Gruppen eine gleich grosse Möglichkeit zum Ausleben der eigenen Wertvorstellungen zu geben. Diese Einschränkungen sind umso weniger erforderlich, je weniger Interaktion zwischen den Gruppen besteht. Und diese ist wiederum umso geringer, je grösser die räumliche Distanz zwischen den Gruppen ist. Diese pragmatischen Überlegungen führen zur Forderung nach einer föderalen Organisation der staatlichen Ordnung.

Es gibt eine weitere Überlegung, die zu derselben Konklusion führt. Ich habe vorhin gesagt, dass man *prima facie* dann einen Grund hat, den Absichten und Handlungen eines anderen nicht zuzustimmen, wenn die Gefahr besteht, dass diese die eigenen Absichten und Handlungen behindern. Deshalb besteht zunächst einmal dort ein Bedarf, das Verhalten der Menschen durch eine gemeinsame positive Gesetzgebung zu regeln, wo sich diese in ihren Handlungen auch wirklich behindern. Demzufolge sollte sich die Dichte an positivrechtlichen Vorschriften zur Dichte gegenseitiger Behinderungsmöglichkeiten proportional verhalten. Und Nachbarn kommen sich mit grösserer Wahrscheinlichkeit in die Quere als Leute, die weiter voneinander weg leben. Das Zeitalter der Globalisierung hat diese Trivialität nur etwas abgewandelt, aber keinesfalls entkräftet.

Dies führt uns zur folgenden Konklusion. Nachbarn brauchen die Regulierung ihrer Interaktionen durch positives Gesetz dringender als Leute, die weiter voneinander weg leben. Leute, die Werte und Glaubensinhalte weitgehend teilen, finden bezüglich solcher Regulierung leichter eine Übereinkunft. Werte und Glaubensinhalte wiederum werden öfter innerhalb von Gruppen geteilt, die nah beieinander leben – obwohl das Gegenteil freilich keineswegs ausgeschlossen ist. Man sollte daher zuerst versuchen, Staaten auf der Basis solcher Gruppen zu begründen, und es dem internationalen Gesetz und föderalistischen Staaten überlassen, die Interaktionen zu regulieren, die darüber hinausreichen.

Kehren wir nun zu den beiden weiter oben erwähnten Argumenten gegen die Rechte politischer Minderheiten zurück. Das zweite Argument ist natürlich nicht überzeugend, weil der Gegenstand meiner Argumentation nicht das positive Recht ist, sondern das überpositive. Wenn das erstere das letztere wirkungslos machen könnte, wäre das Bemühen, für überpositive Rechte zu argumentieren, vollkommen zwecklos. Wenn also das positive Gesetz eines Staates die Rechte politischer Minderheiten nicht anerkennt, diese Rechte aber auf der Stufe des überpositiven Rechts gerechtfertigt sind, dann sind die Mitglieder dieses Staates und insbesondere seine politischen Entscheidungsträger moralisch verpflichtet, diese Rechte ins positive Gesetz einzubringen. Das entspricht dem Begriff des ‹über-positiven Rechts› den ich zu Beginn eingeführt habe.

Schwieriger ist es, das erste Argument zu widerlegen. Hebt die Existenz positiven Rechts das Recht auf, einen anderen Staat und ein anderes System von positiven Gesetzen zu schaffen? Um diese Frage zu beantworten, müssen wir das Kriterium für die Rechtfertigung eines positiven Gesetzes in Erinnerung rufen, welches im vorhergehenden Kapitel eingeführt wurde. Laut diesem Kriterium ist ein positives Gesetz nicht gerechtfertigt, wenn jemand, den es betrifft, es vernünftigerweise zurückweisen könnte, weil es seine Freiheit in unnötiger oder ungleicher Weise beeinträchtigt. Dieses Kriterium kann selbstverständlich auch von den Mitgliedern einer politischen Minderheit verwendet werden. Genau dann, wenn diese zeigen können, dass die positiven Gesetze ihres Staates ihre Freiheit auf übermässige oder ungleiche Art einschränken und die Mehrheit sich weigert, diese Gesetze zu ändern, haben sie das überpositive Recht auf Selbstverwaltung. Denn diese ist dann das einzige Mittel, das es beiden Gruppen – der Mehrheit und der Minderheit – ermöglicht, ihre internen Interaktionen nach ihren eigenen Vorstellungen durch Gesetze zu regeln und zugleich die Interaktion zwischen den Gruppen auf höherer Stufe gesetzlich zu regeln. Das zeigt, dass die Existenz positiven Rechts überpositive Rechte auf keinen Fall aufheben kann.

Die letzteren sind allerdings keine bedingungslosen Rechte. Sie sind an das oben entwickelte Kriterium der gleichen und minimalen Freiheitseinschränkung für alle Betroffenen gebunden. Dies ist eine formale Bedingung, die den Vorteil hat, die Palette der in der Literatur vorgeschlagenen inhaltlichen Bedingungen zu vermeiden. Man ist nicht mehr länger gezwungen, Kriterien wie gemeinsame Sprache, gemeinsame Geschichte, ethnische Identität und so weiter zu diskutieren. Nichtsdestoweniger können diese inhaltlichen Kriterien bei der Anwendung meines formalen Kriteriums eine Rolle spielen. Falls es beispielsweise den Mitgliedern einer Minderheit durch das Gesetz eines Staates verboten wird, ihre Sprache zu sprechen, ist dies klarerweise eine Verletzung des Prinzips gerechter Rechtssetzung und gibt den Mitgliedern einer Minderheit das Recht auf Selbstverwaltung.

Für das Recht auf Selbstverwaltung einer politischen Minderheit können wir zusammenfassend die folgenden Bedingungen formulieren:

Die Mitglieder einer politischen Minderheit haben genau dann das über-positive Recht auf Selbstverwaltung, wenn sie gute Gründe haben, den existierenden Gesetzen nicht zuzustimmen, die Mehrheit diese aber nicht ändern will. Ein guter Grund, existierende Gesetze zurückzuweisen, ist vor allem der Umstand, dass sie die Freiheit von Mitgliedern der Minderheit unnötig oder ungleich einschränken. Um dies zu zeigen, ist es hinreichend zu beweisen, dass die Selbstverwaltung der Minderheit diese Einschränkungen verhindern würde, ohne dabei der Mehrheit unnötige oder ungleiche Einschränkungen aufzubürden. Würde sie nämlich deren Freiheit unnötigerweise einschränken, so wäre dies pareto-suboptimal; und würde sie deren Freiheit ungleich einschränken, so wäre es ungerecht.

Nachdem ich die Quelle über-positiver Rechte aufgedeckt und auf deren Basis die Rechte politischer Minderheiten auf Selbstverwaltung begründet habe, werde ich zum Abschluss nun präzisieren, wer genau die Träger dieser Rechte sind und welchen Inhalt sie im Einzelnen haben. Ich habe dafür argumentiert, dass Gruppen nur dann Träger von Rechten sein können, wenn sie eine interne Struktur besitzen, die es ihnen erlaubt, einen eindeutigen Gruppenwillen zu bilden und auszudrücken. Das ist bei einem Staat oder einem Verein der Fall, aber nicht notwendigerweise bei einer ethnischen, sprachlichen oder religiösen Gruppe. Die elementaren Träger der Rechte auf Selbstverwaltung müssen daher zunächst die einzelnen Mitglieder der Gruppe sein und nicht die Gruppen selber. Es sind ja die Rechte der Individuen, welche durch ein System positiven Gesetzes gegebenenfalls verletzt werden. Sollte diese Verletzung ein Recht auf Selbstverwaltung begründen, muss dieses Recht daher ebenfalls zunächst einmal den Individuen zugeschrieben werden.

Es fragt sich nun, wie diese Rechte artikuliert werden müssen, um die Gründung eines neuen Staats und eines kollektiven Trägers von Rechten zu ermöglichen. Das erste Recht, das einzelne Mitglieder einer politischen Minderheit haben müssen, ist das Recht, einen Verein oder eine politische Partei zu gründen. Dieses Recht besteht unabhängig von der Frage, ob ihre Forderung nach Selbstverwaltung letztlich gerechtfertigt ist oder nicht. Denn um die Forderung nach Selbstverwaltung zu stellen und auf dem politischen Parkett friedfertig für sie zu kämpfen, müssen sie das Recht auf die dazu erforderlichen organisatorischen und politischen Instrumente besitzen. Ist ein Verein oder eine Partei erst einmal gegründet, so ist sie auch ein potentieller Träger von Rechten, es sei denn ihre internen Strukturen erlauben nicht die Bildung eines gemeinsamen Willens. Die Rechte des politischen Vereins oder der Partei der Minderheit heben natürlich die Rechte ihrer einzelnen Mitglieder nicht auf.

Als erster Schritt bei der Umsetzung des Rechts auf Selbstverwaltung muss der politische Wille der auf dem für den zukünftigen Staat reklamierten Territorium lebenden Bevölkerung eruiert werden, und zwar um sicherzustellen, dass durch die Gründung des neuen Staates keine neue Ungerechtigkeit geschaffen wird. Nur wenn es der deutliche Wille einer qualifizierten Mehrheit der Einwohner dieses Territoriums ist, dürfen Schritte zur Gründung eines neuen Staates unternommen werden.

Das Recht auf Selbstverwaltung ist nicht identisch mit einem Recht auf Unabhängigkeit. Normalerweise sollte die Verwirklichung der Selbstverwaltung durch die Umwandlung des bestehenden Staates in einen föderalistischen Staat erzielt werden. Dies stellt sicher, dass die Interaktionen zwischen den beiden Gruppen der Bevölkerung des ursprünglichen Staates weiterhin durch ein gemeinsam vereinbartes Gesetz reguliert werden. Eine völlige Unabhängigkeit ist nur dann gerechtfertigt, wenn die Mehrheit im alten Staat jegliche Kooperation mit der Minderheit in einem gemeinsamen föderalistischen Staat verweigert. Allerdings ist es selbst dann geboten, dass beide Staaten Mitglied eines umfassenden internationalen Rechtssystems werden.

Sobald dann der neue Staat geschaffen ist, ist er auch Träger von Rechten. Das elementarste dieser Rechte ist das Recht auf Anerkennung durch die anderen Staaten als gleichberechtigtes Mitglied der Staatengemeinschaft.

Abschliessend können wir folgende allgemeine Regel für die Gewährung des Rechts auf Selbstverwaltung formulieren: Eine auf einem hinreichend grossen Territorium lebende politische Minderheit eines Staates, welche auf dem Territorium, auf dem sie lebt, eine qualifizierte (60 %) Mehrheit aufweist, hat genau dann das Recht, auf diesem Territorium einen gesonderten Staat zu gründen, wenn a) die positiven Gesetze des bestehenden Staates die Freiheit ihrer Mitglieder unnötig oder ungleich einschränken, b) sichergestellt wird, dass die neue politische Ordnung den Mitgliedern der früheren Mehrheit die gleichen Rechte gewährt wie den Mitgliedern der früheren Minderheit und c) die neuen Staaten entweder im Rahmen einer Föderation oder im Rahmen des internationalen Rechts ihre Interaktionen durch gültige positive Rechtsnormen regeln.

Literatur

Fichte, J. G. (1796): *Grundlage des Naturrechts nach Prinzipien der Wissenschaftslehre*, Jena u. Leipzig.

Green, L. (1991): *Two Views of Collective Rights*, in: *Canadian Journal of Law and Jurisprudence*, Band IV, Nr. 2.

Kant, I. (1797): *Metaphysik der Sitten.*

Kelsen, H. (1960): *Reine Rechtslehre*, Wien.

Leiser, B. M., und T. D. Campell (ed.): *Human Rights in Philosophy and Practice.*

Mackie, J. L. (1977): *Ethics. Inventing Right and Wrong*, Penguin Books.

Margalit, A., und J. Raz (1995): *National Self-Determination*, in: W. Kymlicka (ed.), *The Rights of Minority Cultures*, Oxford, S. 79–92.

Miller, D. L. (1995): *On Nationality*, Oxford.

Oberer, H. (1977): *Praxisgeltung und Rechtsgeltung*, in: *Lehrstücke der praktischen Philosophie und der Ästhetik*, ed. K. Bärthlein und G. Wolandt, Basel.

Sartre, J.-P. (1943): *L'être et le néant.*

Scanlon, T.M. (1982): *Contractualism and Utilitarianism*, in: *Utilitarianism and Beyond*, ed. A. Sen und B. Williams, Cambridge University Press.

Scanlon, T.M. (1998): *What We owe to Each Other,* Cambridge Mass. and London.

Seel, G. (1977): *Struktur und Geltung des wirtschaftlichen Handelns*, in: *Lehrstücke der praktischen Philosophie und der Ästhetik*, ed. K. Bärthlein und G. Wolandt, Basel.

Seel, G. (1983): *Ist der praktische Begründungsprozess abschliessbar?,* in: G. Frey u. J. Zelger (ed.), *Der Mensch und die Wissenschaften vom Menschen*, Innsbruck.

Seel, G. (1985): *Légalité et légitimité: leurs rôles respectifs dans la garantie de la liberté,* in: Studia Philosophica 44.

Seel, G. (1992): *Postface – Le pouvoir politique et les droits de l'homme,* in: La politique et les droits, Cahiers de philosophie politique et juridique 21, Caen.

Seel, G. (1997): *‹Darin aber wäre ein Widerspruch›, Der zweite Definitivartikel zum ewigen Frieden neu gelesen*, in: H. Oberer (ed.), *Kant. Analysen – Probleme – Kritik*, Bd. III, Würzburg.

Seel, G. (1999): *Wie weit kann man den praktischen Naturalismus treiben*, in: Grazer Philosophische Studien, Vol. 57.

Sumner, L.W. (1987): *The Moral Foundations of Rights*, Oxford.

Sezession. Philosophische Fragen zur Rechtfertigung staatlicher Unabhängigkeit, diskutiert am Beispiel des Kosovo

Franz Meier

Im vorliegenden Beitrag soll untersucht werden, ob das Kosovo gemäss den in diesem Buch vertretenen Auffassungen das Recht auf staatliche Unabhängigkeit hat. Angesichts der traumatisierenden Ereignisse der letzten Jahre ist es verständlich, wenn die Kosovo-Albaner nach Unabhängigkeit rufen. Im Hinblick auf die enge geographische und historische Verflechtung zwischen den Balkanregionen muss aber gefragt werden, ob dem Ruf nach Unabhängigkeit nicht eine Pflicht zur Vereinigung entgegenstehe. Ist es möglich, beiden Ansprüchen gerecht zu werden?

Ausgangspunkt

Wie Gerhard Seel[1] gehe ich davon aus, dass das elementarste praktische Prinzip rationale Wesen dazu verpflichtet, ihre Entscheidungen nicht blind, sondern von Kriterien geleitet zu fällen. Ohne dieses Prinzip hätte kein anderes praktisches Prinzip je praktische Gültigkeit.[2]

1 Siehe den Beitrag von Gerhard Seel in diesem Band.

2 Seel, Beitrag in diesem Band: «Ich behaupte, dass sie im folgenden Prinzip begründet liegt, das ich für das elementarste praktische Prinzip halte: Rationale Wesen sind moralisch verpflichtet, ihre Entscheidungen nicht blind, son-

Die gegenseitige Anerkennung der Menschen als rationale Wesen führt zur Pflicht, die Kriterien für Entscheidungen, von denen mehrere Personen betroffen sind, gemeinsam in Kraft zu setzen. Das heisst, dass Menschen, die untereinander in Wechselwirkung stehen, verpflichtet sind, zusammen einen Staat zu gründen. Seel betrachtet diese Pflicht als erste juristische Norm des Vernunftrechts.[3] Gemäss dieser Norm dürfen die Individuen ihre Interessen nicht selber mit Gewalt verteidigen. Das Gewaltmonopol liegt beim Staat. Konflikte müssen nach Regeln, die im Voraus gemeinsam festgelegt worden sind, bereinigt werden. Im Folgenden bezeichne ich diese Norm als *Friedenspflicht*.

Angesichts der divergierenden Interessen der verschiedenen Menschen gilt es, den Staat möglichst freiheitlich einzurichten. Die Freiheit ist das gemeinsame Metainteresse der Individuen; sie ermöglicht ihnen, ihre unterschiedlichen Interessen wirksam zu verfolgen.[4] Wel-

---

dern rational zu fällen, i. e. in ihrem Entscheidungsprozess Kriterien zu verwenden. [...] Und das würde bedeuten, dass kein praktisches Prinzip je praktische Gültigkeit haben könnte.»

3 Seel, Beitrag in diesem Band: «Niemand kann sich vernünftigerweise weigern, den Entscheidungen und Handlungen eines anderen beizupflichten, wenn diese Entscheidungen und Handlungen die Normen einhalten, welche sie gemeinsam eingeführt haben. [...] Diese Rechte liegen alle im folgenden Prinzip begründet: Jedes rationale Wesen hat gegenüber jedem anderen rationalen Wesen, mit dem es kommuniziert, das Recht auf die gemeinsame Gründung eines Staates und darauf, als vollwertiges Mitglied dieses Staates anerkannt zu werden.»

4 Seel, Beitrag in diesem Band: «Dies kann beantwortet werden, indem wir von den konkreten und sehr verschiedenartigen Interessen jeder einzelnen Person zum allen Personen gemeinsamen Metainteresse (i. e. das Interesse, an der Gelegenheit seinen eigenen Interessen so frei und so effizient wie möglich nachzukommen) übergehen. [...] Allerdings muss dies gemäss dem Prinzip des rechtlichen Minimalismus geschehen: Die gesetzliche Einschränkung von jemandes Freiheit sollte nie die Stufe überschreiten, die notwendig ist, um jedermanns gleiche Freiheit zu schützen.»

che Konsequenzen hat dieses Prinzip für die Frage, ob ein Staat als Zentralstaat oder als föderativer Staat organisiert werden sollte? Die Pflicht zur Staatsgründung ergibt sich – wie wir gesehen haben – aus der Pflicht, tatsächliche und potentielle Konflikte friedlich zu regeln. Konflikte können aber nur zwischen Personen und Gruppen auftreten, die tatsächlich untereinander in Wechselwirkung stehen. In Wechselwirkung stehen in erster Linie Personen und Gruppen, die das gleiche Territorium bewohnen. Problembereiche, die nur die Bewohner einer bestimmten Region oder Provinz betreffen, sollten daher von den Bewohnern dieser Region oder Provinz autonom geregelt werden. Eine übergeordnete staatliche Instanz sollte dagegen für die Regelung von überregionalen Konflikten zuständig sein. Aus diesem Grund sollte eine staatliche Ordnung föderativ gestaltet werden. Das heisst, dass ein Staat verschiedene Ebenen staatlicher Autorität aufweisen sollte. Jede untergeordnete Ebene muss der höheren Ebene nur das Minimum an Kompetenzen abtreten, das nötig ist, um die überregionalen Konflikte zu regeln. Ebenso wie der Staat den Individuen nicht vorschreiben darf, welche Bücher sie zu lesen haben, darf eine Zentralregierung den ihr unterstellten Regionen oder Provinzen nicht in jeder Einzelheit vorschreiben, wie sie ihr Schulsystem oder ihr Sozialwesen zu regeln haben. Es handelt sich um den Grundsatz der *Subsidiarität.*

Nach dem Grundsatz der Subsidiarität haben die Regionen eines Staats das Recht auf grösstmögliche Autonomie. Die Friedenspflicht verbietet es aber den Bewohnern einer Region, die Auflösung jeglicher staatlichen Verbindung mit benachbarten Regionen anzustreben. Nur eine Region, die geographisch in keiner Weise mit dem übergeordneten Staat verbunden ist, kann eine Sezession anstreben, ohne gegen die Friedenspflicht zu verstossen. So mag man zum Beispiel den Bewohnern Grönlands das Recht zusprechen, die völlige Unabhängigkeit von Dänemark anzustreben.

Das Recht auf grösstmögliche politische Autonomie innerhalb eines Staats haben Menschen nicht als Angehörige von Ethnien, Religionsgemeinschaften oder Sprachgruppen, sondern als Bewohner einer Region, die auf intensive interne Wechselwirkung angewiesen ist, die aber deutlich weniger intensive Beziehungen mit den übrigen Landesteilen benötigt. Wenn zum Beispiel der nördliche und der südliche Teil der Agglomeration einer Grossstadt von zwei verschiedenen Ethnien bewohnt wird, haben die Angehörigen der beiden Ethnien kein überpositives Recht, zwei autonome, voneinander unabhängige Provinzen zu bilden. Sie sind im Gegenteil verpflichtet, sich einer gemeinsamen regionalen politischen Institution zu unterstellen, damit sie ihre spezifischen Konflikte friedlich beilegen können. Gerade weil die Agglomeration von zwei verschiedenen Ethnien bewohnt wird, ist die Bildung einer gemeinsamen regionalen politischen Institution besonders dringlich. Der übergeordnete Staat wiederum muss dieser Institution, ich bezeichne sie als Provinz, klare Kompetenzen erteilen, zum Beispiel im Schulwesen. Um ihre spezifischen Probleme zu bewältigen, könnte diese Provinz etwa beschliessen, gewisse Schulen ethnisch durchmischt zu führen. Sie liesse dann einen Teil der Schüler mit Bussen in Schulen ausserhalb ihres Wohngebiets transportieren. Solche Regelungen können in der einen Provinz dem Willen der Bevölkerung entsprechen, in einer anderen nicht. Der Staat muss Sonderwege der Provinzen soweit als möglich tolerieren.

Auf der anderen Seite ist es möglich, dass die Angehörigen einer Ethnie, einer Religionsgemeinschaft oder einer Sprachgruppe gemeinsame Wertvorstellungen haben, die den Aufbau eines allen Angehörigen dieser Gruppe zumutbaren Rechtssystems erleichtern. Dieses Rechtssystem ist aber möglicherweise den Angehörigen einer anderen Ethnie, Religionsgemeinschaft oder Sprachgruppe nicht zumutbar. Ein Staat, der das Subsidiaritätsprinzip befolgt, kann dieser Situation am besten gerecht werden. So würde er im vorherigen Beispiel den beiden Teilen der Provinz auf der untergeordneten Ebene, auf der Ebene der Bezirke und der Gemeinden, grösstmögliche Autonomie zugestehen. Die Pflicht, sich mit den ethnisch verschiedenen Nachbarn friedlich zu arrangieren, hat aber Vorrang vor der Umsetzung von spezifischen Wertvorstellungen einer Ethnie. Nur die friedliche Regelung von Konflikten entspricht dem eigentlichen Staatszweck. Darum benötigt die Agglomeration in erster Linie eine gemeinsame politische Institution.

Es liegt in der Natur dieser Argumentation, dass sie von den Individuen auf die Staaten ausgedehnt werden muss. Die Friedenspflicht zwingt auch die Staaten, sich zu einem übergeordneten Staat zusammenzuschliessen, um «ihre Interaktionen durch gemeinsam bestimmte positive Gesetze zu regulieren.»[5] Nur ein weltumfassender Staat hat das Recht auf volle Souveränität. Aber auch der Weltstaat muss so freiheitlich als irgend möglich eingerichtet werden. Der Grundsatz der Subsidiarität gilt auch für ihn. Er muss Kompetenzen so weit als möglich an die Einzelstaaten delegieren und muss deshalb föderalistisch organisiert werden.[6]

Der Ruf der Bewohner einer Region oder Provinz nach staatlicher Unabhängigkeit steht quer zur Friedenspflicht. Für Bestrebungen nach Sezession ist zumindest Verständnis aufzubringen, wenn sie sich gegen real existierende Staaten richten, die gar keine Staaten im Sinn der Friedenspflicht sind. Ein Staat, der die Menschenrechte verletzt oder das Prinzip der Subsidiarität massiv missachtet, zementiert bloss den Kriegszustand. Der Versuch einer Region oder Pro-

5 Seel, Beitrag in diesem Band: «Sie haben die Verpflichtung, ihre Interaktionen durch gemeinsam bestimmte positive Gesetze zu regulieren und – um solche Gesetze in Kraft zu setzen – einen aus Staaten bestehenden Staat zu gründen.»

6 Seel, Beitrag in diesem Band: «Was uns die Vernunft dieser Konzeption zufolge umzusetzen verlangt, ist nicht einfach ein Staat, sondern ein Bundesstaat. Dieses Föderalismusprinzip kann nur durch die Gründung eines föderalistischen Weltstaates umgesetzt werden, der jedem Mitgliedsstaat seine Rechte gegenüber den anderen Mitgliedsstaaten und seine Kompetenz in der inneren Gesetzgebung gewährleistet.»

vinz, ihre eigenen Kräfte zu sammeln, ist aber nur berechtigt, wenn er im Sinn der Friedenspflicht einen ersten Schritt zur friedlichen Regelung von Konflikten mit den Nachbarn und den Minderheiten im eigenen Einflussbereich darstellt. Ein solcher Schritt impliziert die Bereitschaft, sich mit den Nachbarn so bald als möglich zu einem Staat zusammenzuschliessen und sich letztlich einem Weltstaat unterzuordnen. Wenn aber die sezessionistische Bewegung lediglich versucht, die eigenen Interessen gewaltsam gegenüber den Nachbarn durchzusetzen, dann trägt sie zur Eskalation des Kriegszustands bei und ist somit im Unrecht. Gemäss der Friedenspflicht hat nur der Weltstaat das Recht auf volle Souveränität. Ebenso wie die bestehenden Staaten verpflichtet sind, ihre Souveränität an diesen Weltstaat abzutreten, haben sezessionistische Bewegungen kein Recht, die volle Souveränität anzustreben.

Eine Sezession ist nur dann gerechtfertigt, wenn die folgenden drei Bedingungen erfüllt sind:

1) Das Prinzip der Subsidiarität wird im bestehenden Staat massiv missachtet.
2) Die sezessionistische Bewegung ist willens und fähig, das Prinzip der Subsidiarität gegenüber den Minderheiten im neuen Staat zu respektieren.
3) Die sezessionistische Bewegung ist bereit, sich gemäss der Friedenspflicht so bald als möglich einem übergeordneten Staat und letztlich dem Weltstaat unterzuordnen.

Im Folgenden möchte ich diese Kriterien auf den Fall des Kosovo anwenden. Dabei möchte ich keinerlei Behauptungen über historische, ökonomische, soziologische oder ethnologische Sachverhalte aufstellen. Ich möchte dagegen prüfen, welche philosophischen Probleme sich ergeben, wenn unterstellt wird, dass die Medien ein zutreffendes Bild der Verhältnisse im ehemaligen Jugoslawien vermittelt haben.

Das Kosovo ist ringsum von Berg- und Hügelketten umgeben und kann als geographische Einheit betrachtet werden.[7] Ich nehme darum an, dass das Kosovo eine Region ist, deren Bewohner das Recht auf grösstmögliche Autonomie haben, was auch immer die übergeordnete staatliche Struktur ist. Die spezifischen ethnisch-religiösen Gegebenheiten des Kosovo[8] liefern durchaus einen zusätzlichen Grund für das Recht seiner Bewohner auf grösstmögliche Autonomie. Damit ist aber nicht gemeint, dass die albanisch-muslimische Mehrheit das Recht hätte, die politischen Institutionen der Region nach ihrem Gutdünken zu prägen. Die ethnisch-religiösen Gegebenheiten sind vielmehr ein regionales Spezifikum, das regionale Lösungen erfordert. Die Angehörigen aller Ethnien und Religionsgemeinschaften des Kosovo haben das Recht, mit allen anderen direkt Betroffenen eine allen zumutbare Regelung der regionalen Konflikte auszuhandeln. Nur wenn die Bewohner des Kosovo keine solche Regelung finden, sind sie verpflichtet, sich dem Urteil eines übergeordneten Schiedsgerichts zu unterstellen.

Missachtung des Prinzips der Subsidiarität in der serbischen Republik

Die erste Bedingung für die Rechtfertigung einer Sezession scheint im Fall des Kosovo erfüllt zu sein. Das Prinzip der Subsidiarität wurde von der serbischen Republik ab 1987 massiv missachtet. Die jugoslawische Verfassung von 1963 hatte das Kosovo zu einer autonomen

7 Malcolm, Seite 1.

8 Auf diese Gegebenheiten gehe ich unten im Abschnitt «Die Friedenspflicht» ein.

Provinz innerhalb der serbischen Republik aufgewertet und die Verfassung von 1974 hatte der autonomen Provinz Kosovo einen Status erteilt, der fast gleichwertig mit dem Status der sechs Teilrepubliken war.[9] Ab 1987 wurde die Selbstverwaltung des Kosovo innerhalb Serbiens schrittweise aufgehoben. Im Oktober 1987 wurde die Polizei- und Justizgewalt der Provinz aufgehoben. 1989 wurde die Autonomie der Provinz faktisch beseitigt und Albanisch als Amtssprache verboten.[10] 1990 wurden die albanischen Abgeordneten von Polizeieinheiten am Betreten des Parlamentsgebäudes in Pristina gehindert. Als diese darauf die Unabhängigkeit des Kosovo ausriefen, lösten die serbischen Behörden das Parlament in Pristina auf und verhängten den Ausnahmezustand.[11] Im gleichen Jahr wurden in den Krankenhäusern des Kosovo massenweise albanische Ärzte, Techniker und Pflegepersonen entlassen.[12] Gleichzeitig wurden die lokalen Rundfunk- und Fernsehsender von serbischen Anstalten übernommen und die albanischen Angestellten entlassen.[13] 1991 wurde der serbische Lehrplan für die Schulen des Kosovo als obligatorisch erklärt. Die albanischen Schüler wurden darauf am Betreten ihrer Schule gehindert, weil sie angeblich den neuen serbischen Lehrplan verweigert hatten. Ab 1992 organisierten die Albaner den Unterricht in Privathäusern.[14] Nach Informationen von Human Rights Watch eskalierte der Polizeiterror 1993, «als Polizisten wahllos Zivilisten attackierten und junge Männer in ihren Autos und zu Hause erschossen [...].»[15] Im Februar 1998 befahl Milosevic den ersten Grosseinsatz der serbischen Sonderpolizei gegen Zentren der kosovo-albanischen

9 Petritsch et al., Seiten 137 und 139.
10 Petritsch et al., Seiten 174–177.
11 Petritsch et al., Seite 182.
12 Petritsch et al., Seite 183.
13 Petritsch et al., Seite 184.
14 Petritsch et al., Seite 186 f.
15 Petritsch et al., Seite 196.

Befreiungsarmee UCK. Dabei wurde auch die albanische Zivilbevölkerung nicht geschont. Unter den Toten befanden sich viele Kinder, Frauen und ältere Menschen.[16] Im Sommer 1998 kam es zu einer serbischen Grossoffensive.[17] Im Herbst 1998 waren schätzungsweise 700'000 Menschen direkt oder indirekt von den militärischen Aktionen und ethnischen Vertreibungen der serbischen Sonderpolizei betroffen.[18] Am 15. Januar 1999 wurden nach Angaben von Beobachtern im Dorf Racak 45 albanische Zivilisten durch serbische Sicherheitskräfte massakriert.[19] Als die Verhandlungen in Rambouillet unterbrochen waren, lancierte Milosevic Anfang März 1999 im Kosovo eine Grossoffensive, in deren Verlauf ganze Dörfer in Brand gesetzt wurden und Tausende von Menschen zur Flucht gezwungen waren.[20] Nachdem die Verhandlungen definitiv gescheitert waren und die Nato am 24. März 1999 den Luftkrieg gegen Jugoslawien eröffnet hatte, begannen die grossen Vertreibungen von Albanern nach Mazedonien, Albanien und Montenegro.[21] In der Anklageschrift des Internationalen Strafgerichts für das frühere Jugoslawien in Den Haag vom 22. Mai 1999 wird Milosevic und vier weiteren Angeklagten Mord, Vertreibung und Verfolgung aus politischen, rassischen oder religiösen Gründen in vielen Fällen zur Last gelegt.[22] Die Organisation für Sicherheit und Zusammenarbeit in Europa (OSCE) spricht von 90 Prozent der kosovo-albanischen Bevölkerung (über 1.45 Millionen Menschen), die vertrieben worden seien. Flüchtlinge hätten in überzeugender Weise berichtet, dass die jugoslawischen und serbischen Kräfte organisiert und systematisch vorgegangen seien und die extre-

16 Petritsch et al., Seite 211 f.
17 Petritsch et al., Seite 225.
18 Petritsch et al., Seite 231.
19 Petritsch et al., Seite 262.
20 Petritsch et al., Seiten 325/330.
21 Neue Zürcher Zeitung (NZZ), 6.12.99.
22 NZZ, 29./30. Mai 1999.

men Gesetzesverstösse von Paramilitärs und bewaffneten Zivilisten geduldet und sich mit ihnen darüber abgesprochen hätten.[23]

Falls diese Darstellung der Verhältnisse korrekt ist, kann der albanischen Bevölkerung nicht zugemutet werden, dem serbischen Staat Vertrauen entgegenzubringen. Der serbische Staat spielte nicht die Rolle des neutralen Schlichters von Konflikten, er war im Gegenteil selber Partei. Trotz der Abwahl von Milosevic und seiner Auslieferung an das Internationale Strafgericht für das frühere Jugoslawien in Den Haag hat Serbien noch nicht mit der schonungslosen Aufarbeitung der Vergangenheit begonnen und die nötigen Konsequenzen noch nicht gezogen. So veröffentlichte zum Beispiel das UNO-Tribunal in Den Haag eine Anklage wegen Kriegsverbrechen im Kosovo gegen Sreten Lukic, der am Tag dieser Veröffentlichung, am 20. Oktober 2003, stellvertretender Minister in der serbischen Regierung war.[24] Die erste Bedingung für die Rechtfertigung einer Sezession des Kosovo ist somit erfüllt.

Die Resolution 1244 des UNO-Sicherheitsrats vom 10. Juni 1999 hält unter Punkt 10 fest, das Kosovo sei Teil der Bundesrepublik Jugoslawien.[25] Trotz dieser gewichtigen Bestimmung kann den Kosovo-Albanern auf Grund der Vorgeschichte und des gegenwärtigen Zustands des serbischen Staats nicht zugemutet werden, sich dem Rechtsnachfolger der Bundesrepublik Jugoslawien, dem Staatenbund Serbien-Montenegro, zu unterstellen.

23 OSCE/ODIHR (Organization for Security and Co-operation in Europe, Office for Democratic Institutions and Human Rights), Kosovo/Kosova, As Seen, As Told, An analysis of the human rights findings of the OSCE Kosovo Verification Mission, October 1998 to June 1999, Warsaw, 1999, Executive Summary, Seite IX (gedruckte Version), Internet: http://www.osce.org/kosovo/documents/reports/hr/part1/p0exesum.htm.

24 NZZ, 22.11.2003.

25 Vereinte Nationen (UNO), Security Council resolution 1244 (1999) on the situation relating Kosovo, Internet: http://www.un.org/Docs/scres/1999/sc99.htm.

Respekt für das Prinzip der Subsidiarität gegenüber den Minderheiten im Kosovo

Die zweite Bedingung zur Rechtfertigung einer Sezession fordert, dass diese auch den Minderheiten im neuen Staat zumutbar sein muss. Die sezessionistische Bewegung muss willens und fähig sein, das Prinzip der Subsidiarität gegenüber den Minderheiten im neuen Staat zu respektieren. Auch hier bestehen im Kosovo grosse Probleme. Aus dem zweiten Teil des bereits erwähnten Berichts der OSCE, der den Zeitraum von Juni bis Oktober 1999 abdeckt, geht hervor, dass nach dem Rückzug der serbisch-jugoslawischen Truppen Übergriffe vor allem gegen Nicht-Albaner verübt wurden. Das Leitmotiv dieser Handlungen sei Rache gewesen. Die Täter hätten angenommen, dass die Opfer an den vorausgegangenen Menschenrechtsverletzungen gegen die Kosovo-Albaner mitgewirkt oder mit den serbisch-jugoslawischen Kräften kollaboriert hätten. Eine weitere Kategorie von Opfern seien Personen gewesen, die den Eindruck erweckten, sie hätten bis dahin nicht gelitten. Das erste Ziel der Angriffe seien die Kosovo-Serben gewesen, namentlich auch alte Personen. Als Folge davon seien viele Kosovo-Serben nach Restserbien oder Montenegro geflohen oder hätten sich in serbische Enklaven im Kosovo zurückgezogen. Weitere Opfer seien die Roma und muslimische Slawen gewesen. Es sei aber auch ein Klima der Intoleranz unter den Kosovo-Albanern selber entstanden. Die Versammlungsfreiheit, die Redefreiheit, die Gedankenfreiheit und die Religionsfreiheit von Kosovo-Albanern sei von anderen Kosovo-Albanern in Frage gestellt worden. Opposition gegen die Dominanz der UCK habe zu Einschüchterung und Belästigung geführt. Die Gewalt habe viele Formen angenommen: Mord, Vergewaltigung, Schläge, Folter, Abbrennen von Häusern und Entführung. Während ein Teil der Gewalttätigkeiten individuelle Rachehandlungen gewesen seien, hätten andere System gezeigt, und es sei der Eindruck entstanden, diese seien organisiert worden. Die Informationen deuteten auf eine sorgfältige Auswahl der Opfer hin und auf die Absicht, Vertreibungen auszulösen. Es scheint der Verdacht zu bestehen, dass die UCK in diese Handlungen verwickelt war.[26]

Im März 2003 hielten die OSCE und das UNHCR fest, die Situation der ethnischen Minderheiten im Kosovo habe sich nicht so weit gebessert, dass die Rückkehr von ethnischen Minderheiten in grossem Umfang empfohlen werden könne. Die beiden Organisationen unterstrichen, dass weiterhin internationaler Schutz für die ethnischen Minderheiten erforderlich sei.[27]

Falls die Situation hier richtig beschrieben wurde, sind die Kräfte, die für eine Sezession des Kosovo eintreten, nicht willens oder nicht imstande, die Nicht-Albaner und die Kritiker unter den Kosovo-Albanern zu schützen. Damit ist die zweite Bedingung für die Rechtfertigung einer Sezession vorläufig nicht erfüllt. Die sezessionistische Bewegung muss bis auf weiteres die Präsenz von internationalen Schutztruppen akzeptieren.

26 OSCE/ODIHR, Kosovo/Kosova, As Seen, As Told, Part II, A Report on the Human Rights Findings of the OSCE Mission in Kosovo, June to October 1999, Executive Summary, Seiten xi und xii, Internet: http://www.osce.org/kosovo/documents/reports/hr/part2/part2.pdf.

27 OSCE Mission in Kosovo (Organization for Security and Co-operation in Europe), UNHCR (United Nations High Commissioner for Refugees), Tenth Assessment of the Situation of Ethnic Minorities in Kosovo (Period covering May 2002 to December 2002), March 2003, Seite 7, Internet: http://www.osce.org/kosovo/documents/reports/minorities/.

Die Friedenspflicht

Gerade weil die Serben und die Kosovo-Albaner in einem extrem konfliktträchtigen Verhältnis zueinander stehen, sind sie verpflichtet, einen gemeinsamen Staat zu bilden. Die folgenden Hinweise sollen illustrieren, wie stark die beiden Gruppen miteinander verflochten sind. Im 13. Jahrhundert wurde in Pec, im Westen des Kosovo, ein Erzbistum und später das Patriarchat der serbisch-orthodoxen Kirche errichtet. In der Folge wurden im 14. Jahrhundert im Kosovo wichtige serbische Kirchen und Klöster erbaut.[28] Im 19. Jahrhundert schufen serbische Schriftsteller wie Vuk Karadzic rund um die Schlacht auf dem Amselfeld von 1389 einen serbisch-nationalistischen Kosovo-Mythos.[29] Im Kosovo befinden sich die reichsten Mineralvorkommen von ganz Südosteuropa.[30] Durch das Kosovo führen regional wichtige Verkehrsverbindungen: Die eine führt von Shkodra in Nordwestalbanien nach Serbien oder Skopje und die andere von Dubrovnik nach Belgrad oder Skopje.[31] Wer das Kosovo militärisch beherrscht, kontrolliert den Zugang nach Bosnien und Nordalbanien und die Verbindung von Serbien nach Mazedonien.[32] Das Kosovo und Restserbien sind bevölkerungsmässig durchmischt. 1981 lebten im Kosovo 77 % Albaner und 13 % Serben.[33] Albaner leben aber auch im restlichen Serbien, ausserhalb des Kosovo.[34] Der religiöse Hintergrund war in den 1990er Jahren bei etwa 86 % der Bevölkerung des Kosovo muslimisch, bei etwa 10 % orthodox und bei etwa 4 % katho-

28 Malcolm, Seite 50.
29 Malcolm, Seiten 79 f.
30 Malcolm, Seiten 4 f.
31 Malcolm, Seiten 6 f.
32 Malcolm, Seite 7.
33 Hatschikjan und Troebst, Seiten 500 f.
34 Malcolm, Seite 8.

lisch.[35] Die Bevölkerungsdichte beträgt im Kosovo rund 200 Personen pro Quadratkilometer und ist damit doppelt so gross wie diejenige im restlichen Serbien.[36] Das ehemalige Jugoslawien förderte im Kosovo vor allem die Produktion von Grundstoffen (Metalle, Chemikalien und Elektrizität), die dann zu künstlich tiefen Preisen in die anderen Landesteile verkauft wurden.[37] Weil das Kosovo und Serbien jahrzehntelang gemeinsam einen Staat bildeten, haben notwendigerweise viele Personen oder Gruppen beider Landesteile Leistungen erbracht im Vertrauen darauf, dass der Staat eine Kompensation durchsetzen werde: Kredite wurden gewährt, Investitionen getätigt oder Ausbildungen absolviert, um spezifische Tätigkeiten ausüben zu können.

Diese vielfältigen Verflechtungen und Abhängigkeiten führen unvermeidlich zu einer Wechselwirkung des Kosovo mit seinen Nachbarn, insbesondere mit den Serben. Ich setze hier voraus, dass die daraus resultierenden Konflikte nur in einem Staat, dem sowohl Serbien als auch Kosovo angehören, friedlich geregelt werden können. Die sezessionistische Bewegung ist verpflichtet, einen solchen Staat anzustreben.

Die Tendenz scheint allerdings in die andere Richtung zu laufen. So erklärte Ibrahim Rugova, der Präsident des Kosovo, wenn der Status des Kosovo nicht geklärt werde, müsse die albanische Frage neu gestellt werden. Das heisst nach Andreas Ernst, dass die Zusammenführung aller albanisch besiedelten Gebiete wieder erwogen werden müsse (Grossalbanien).[38]

35 Nach Reuter und Clewing, Seiten 539 f.

36 Nach Hatschikjan und Troebst, Seite 490.

37 Malcolm, Seite 337.

38 Ernst Andreas, «Standards vor Status!» – Die Doktrin der UNO-Mission in Kosovo führt in die Sackgasse, Südosteuropa, Zeitschrift für Gegenwartsforschung, herausgegeben im Auftrag des Südost-Instituts von Edgar Hösch, Oldenbourg Wissenschaftsverlag GmBH, München, 51. Jahrgang, Heft 7–9 / 2002, Seite 362.

Provisorische Unabhängigkeit?

Weil ein Staat, dem Kosovo und Serbien gemeinsam angehören, vorläufig kaum zu realisieren ist, müssen provisorische Lösungen gefunden werden. Am 15. Mai 2001 unterschrieb Hans Haekkerup, der Sondergesandte des UNO-Generalsekretärs, einen Verfassungsrahmen für die provisorische Selbstverwaltung des Kosovo.[39] Darin werden die Kompetenzen des Parlaments des Kosovo, seiner Regierung und seines Präsidenten und diejenigen des Sondergesandten festgelegt. Der Sondergesandte des UNO-Generalsekretärs hat so weitgehende Vollmachten, dass von einer staatlichen Unabhängigkeit des Kosovo keine Rede sein kann. Diese darf die internationale Gemeinschaft dem Kosovo auch gar nicht zugestehen, solange nicht alle Bedingungen für die Rechtfertigung einer Sezession erfüllt sind.

Es muss aber untersucht werden, ob dem Kosovo eine *provisorische* Unabhängigkeit zugestanden werden kann, sobald die Rechte der Minderheiten gesichert sind und der Wille zur Verständigung mit Serbien unwiderruflich feststeht. Das Kosovo wäre nach Erlangung einer provisorischen Unabhängigkeit verpflichtet, sich mit den Serben zu einem Staat zu verbinden, sobald in der serbischen Gesellschaft ein Umdenken stattgefunden hat, die jüngste Vergangenheit gründlich untersucht, die Schuldigen von der Macht entfernt und bestraft und vertrauenswürdige politische Institutionen geschaffen worden sind. Bis zu diesem Zeitpunkt würde das Kosovo eine provisorische Unabhängigkeit geniessen. Hier stellen sich zwei Fragen: (1) Welche Rechte und Pflichten hat ein Staat, der nur provisorisch unabhängig ist? (2) Kann eine provisorische Unabhängigkeit nach

39 Constitutional Framework for Provisional Self-Government, UNMIK/REG/2001/9–15 May 2001,
Internet: http://www.unmikonline.org/constframework.htm.

einer gewissen Zeit in eine definitive Unabhängigkeit übergehen, wenn bis dahin keine zumutbare Erneuerung der früheren staatlichen Verbindung möglich ist?

(1) Die erste Frage möchte ich folgendermassen präzisieren: Darf ein provisorisch unabhängiger Staat definitive und souveräne Entscheidungen treffen? Soweit es nur darum geht, das Zusammenleben der Bewohner des Kosovo selber zu regeln, sind definitive und souveräne Entscheidungen des Kosovo kein Problem. Die Individuen dürfen Verbrechen nicht selber bestrafen, sondern müssen zu diesem Zweck Justizorgane einsetzen. Falls deren Entscheidungen nicht definitiv wären, könnte den Individuen der definitive Verzicht auf Selbstjustiz nicht zugemutet werden. Wenn Steuern erhoben werden, muss das Steuergesetz den Steuerzahlern zumutbar sein, was unter anderem heisst, dass der Verwendungszweck der Steuern im Grundsatz bekannt sein und definitiv feststehen muss. In solchen Fragen muss anderen Ländern, zum Beispiel Serbien, kein Mitspracherecht zugestanden werden, da vorausgesetzt wird, dass allen Bewohnern des Kosovo faire Mitspracherechte eingeräumt werden. Die Souveränität des Kosovo muss hier nicht stärker eingeschränkt werden als diejenige irgendeines anderen Landes, das sich ja bei Klagen von Staatsangehörigen auch dem Urteil der internationalen Gemeinschaft, am besten eines verfassten Weltstaats, unterstellen muss.

Problematisch sind Entscheidungen, von denen auch Personen und Gruppen betroffen sind, die ausserhalb des Kosovo leben. Ein Beispiel sind Eigentumsfragen. Was geschieht mit Staatsbetrieben oder mit dem Eigentum von Kosovo-Serben, die nach Restserbien geflüchtet sind? In solchen Fragen kann das Kosovo keine Souveränität beanspruchen. Zur Regelung dieser Fragen muss das Kosovo mit Restserbien und den übrigen Nachbarn ein umfassendes Vertragswerk ausarbeiten. Falls Serbien in seinem gegenwärtigen Zustand zu einer konstruktiven Mitwirkung nicht imstande ist, besteht die Möglichkeit, sich in diesen Fragen einem internationalen Schiedsgericht zu unterstellen. Wenn Serbien sich nicht vertreten lässt, kann ihm ein Anwalt zugesprochen werden. Die Entscheidungen, von denen Angehörige Serbiens betroffen sind, dürfen nicht hinausgeschoben werden, bis in Serbien ein Umdenken eingesetzt hat. Denn die betroffenen Menschen haben eine begrenzte Lebenszeit und haben deshalb Anspruch auf eine möglichst rasche Entscheidung. Die Entscheidungen müssen auch definitiv sein, weil den Betroffenen sonst ein definitiver Gewaltverzicht nicht zugemutet werden kann.

Die Diskussion der ersten Frage lässt den Begriff einer *provisorischen* Unabhängigkeit als wenig sinnvoll erscheinen, wenn damit gemeint ist, dass Entscheidungen des Staats hinausgeschoben werden müssen oder nur provisorisch gefällt werden können. Im einen Aufgabenbereich (zum Beispiel beim Aufbau eines Justizsystems und bei der Ausarbeitung eines Steuergesetzes) ist das Kosovo nicht nur berechtigt, sondern auch verpflichtet, definitive Entscheidungen anzustreben. Im anderen Aufgabenbereich (zum Beispiel bei der Regelung von Eigentumsfragen, von denen Personen und Gruppen ausserhalb des Kosovo betroffen sind) ist es verpflichtet, gemeinsam mit seinen Nachbarn oder mit der internationalen Gemeinschaft definitive Entscheidungen zu suchen. Ein Staat, der provisorische Entscheidungen fällt, wird seiner Aufgabe nicht gerecht. Er kann weder von den Nachbarn noch von seinen eigenen Angehörigen einen definitiven Gewaltverzicht verlangen. Das Prädikat «provisorisch» soll darum lediglich ausdrücken, dass das Kosovo trotz einer allenfalls international anerkannten Handlungsfreiheit verpflichtet ist, auch auf die Interessen Serbiens Rücksicht zu nehmen und langfristig die Bildung eines gemeinsamen Staats anzustreben. Eine Unabhängigkeit, die in diesem Sinn provisorisch ist, muss dem Kosovo zugestanden werden, wenn alle Bedingungen für die Rechtfertigung einer Sezession erfüllt sind.

(2) Bei der zweiten Frage geht es darum, ob eine provisorische Unabhängigkeit allein durch das Fortschreiten der Zeit in eine definitive übergehen könne, ob also die Pflicht zur Verständigung mit Serbien nach einer gewissen Zeit erlösche.

Es lässt sich argumentieren, etwa nach 50 Jahren seien diejenigen Personen, deren Rechte durch die Sezession verletzt wurden, gestorben. Gleichzeitig sei eine neue Generation herangewachsen, die ihr Leben im Vertrauen auf die Zusicherungen des neuen Staats geplant hätte. Somit hätte die Verpflichtung des Kosovo, mit Serbien eine Verständigung zu suchen, nach etwa 50 Jahren an Dringlichkeit verloren und das Kosovo wäre definitiv unabhängig.

Bei dieser Argumentation wird allerdings stillschweigend vorausgesetzt, dass die neue Generation ein gutes Leben führen kann, was ja keineswegs feststeht. Wenn zum Beispiel ein Teil der Bevölkerung wegen der Sezessionswirren zu einem Leben in Flüchtlingslagern gezwungen wird, besteht die Gefahr, dass auch die späteren Generationen noch in Flüchtlingslagern leben müssen. Ein solches Leben ist diesen Menschen nicht zuzumuten. Die übrigen Bewohner der Region hätten kein Recht, von ihnen einen Gewaltverzicht zu fordern. Ihre Situation müsste durch alle Staaten der Region, entsprechend ihrer wirtschaftlichen Leistungsfähigkeit, verbessert werden, auch 50 Jahre nach der Sezession. Am besten kann diese Pflicht innerhalb eines gemeinsamen Staats erfüllt werden.

Die Pflicht der Kosovo-Albaner, sich mit den Serben zu verständigen, erlöscht aber auch dann nicht, wenn die Sezessionswirren kein langfristiges materielles Elend hervorrufen. Allein die geographische Nähe erfordert die Regelung möglicher Konfliktfelder und damit den Beitritt zu einem gemeinsamen Staat. Durch das Fortschreiten der Zeit geht also eine provisorische Unabhängigkeit nicht in eine definitive über.

Zusammenfassung

Obschon den Kosovo-Albanern nicht zugemutet werden kann, sich dem heutigen Staatenbund Serbien-Montenegro zu unterstellen, kann von einem überpositiven Recht auf volle staatliche Unabhängigkeit nicht gesprochen werden. Das Kosovo muss sich einem internationalen Schiedsgericht unterstellen, um die Erfüllung von Ansprüchen und Pflichten, die in der früheren Bundesrepublik Jugoslawien entstanden sind, gewaltfrei zu regeln. Weiter muss sich das Kosovo einer internationalen Schutztruppe unterstellen, solange die Minderheiten im Kosovo anders nicht geschützt werden können. Darüber hinaus muss es sich gemäss der Friedenspflicht bereit halten, mit einem erneuerten Serbien einen gemeinsamen Staat zu bilden, um der engen Verflechtung zwischen den beiden Ländern gerecht zu werden. Die internationale Gemeinschaft kann dem Kosovo bis zur Schaffung eines gemeinsamen Staats mit Serbien die provisorische staatliche Unabhängigkeit zugestehen, falls die Rechte der Minderheiten im Kosovo gesichert sind. Wie die bereits anerkannten Staaten ist das Kosovo verpflichtet, sich zur Regelung von Konflikten der internationalen Gemeinschaft und letztlich einem Weltstaat unterzuordnen.

Eine einseitige Unabhängigkeitserklärung durch eine sezessionistische Bewegung lässt sich wohl nur in seltenen Fällen rechtfertigen. Die massive Verletzung des Prinzips der Subsidiarität erzeugt so schwerwiegende Spannungen, dass eine sezessionistische Bewegung die Sicherheit der Minderheiten im eigenen Einflussbereich kaum garantieren kann und kaum bereit sein wird, Konflikte mit dem ursprünglichen Staat friedlich beizulegen. Wer Unabhängigkeit fordert, muss darum die Mitwirkung der internationalen Gemeinschaft erreichen, wenn er seiner Forderung Legitimität verleihen will. Diese ist zur Mitwirkung verpflichtet, wenn den Sezessionswilligen ein Verbleiben im bisherigen Staat nicht zugemutet werden kann. Wenn die internationale Gemeinschaft eine gerechtfertigte Mitwirkung verweigert, hat sie kein Recht, sich als Vorläuferin des Weltstaats und damit als Quelle von Legitimität zu betrachten.

Literatur

Ernst Andreas, «Standards vor Status!» – Die Doktrin der UNO-Mission in Kosovo führt in die Sackgasse, Südosteuropa, Zeitschrift für Gegenwartsforschung, herausgegeben im Auftrag des Südost-Instituts von Edgar Hösch, Oldenbourg Wissenschaftsverlag GmBH, München, 51. Jahrgang, Heft 7–9/2002.

Hatschikjan Magarditsch, Troebst Stefan (Herausgeber) (1999): Südosteuropa, Ein Handbuch, Gesellschaft, Politik, Wirtschaft, Kultur, C. H. Beck, München.

Malcolm Noel (1998): Kosovo, A Short History, Papermac, London.

Neue Zürcher Zeitung (NZZ), 29./30.5.1999, 6.12.1999 und 22.11.2003.

OSCE Mission in Kosovo, UNHCR (Organization for Security and Co-operation in Europe, United Nations High Commissioner for Refugees), Tenth Assessment of the Situation of Ethnic Minorities in Kosovo (Period covering May 2002 to December 2002), March 2003, Internet: http://www.osce.org/kosovo/documents/reports/minorities/

OSCE/ODIHR (Organization for Security and Co-operation in Europe, Office for Democratic Institutions and Human Rights), Kosovo/Kosova, As Seen, As Told, An analysis of the human rights findings of the OSCE Kosovo Verification Mission, October 1998 to June 1999, Warsaw, 1999, Executive Summary, Internet: http://www.osce.org/kosovo/documents/reports/hr/part1/p0exesum.htm

OSCE/ODIHR, Kosovo/Kosova, As Seen, As Told, Part II, A Report on the Human Rights Findings of the OSCE Mission in Kosovo, June to October 1999, Internet: http://www.osce.org/kosovo/documents/reports/hr/part2/part2.pdf

Petritsch Wolfgang, Kaser Karl, Pichler Robert, Kosovo, Kosova (1999): Mythen, Daten, Fakten, Wieser Verlag, Klagenfurt, Wien, Ljubljana, Tuzla, Sarajevo.

Reuter Jens, Clewing Konrad (Hrsg.) (2000): Der Kosovo Konflikt, Ursachen – Verlauf – Perspektiven, Wieser-Verlag, Klagenfurt, Wien, Ljubljana, Tuzla, Sarajewo.

Seel Gerhard, Beitrag im vorliegenden Band.

UNMIK (United Nations Interim Administration Mission in Kosovo), Constitutional Framework for Provisional Self-Government, UNMIK/REG/2001/9–15 May 2001, Internet: http://www.unmikonline.org/constframework.htm

Vereinte Nationen (UNO), Security Council resolution 1244 (1999) on the situation relating Kosovo, Internet: http://www.un.org/Docs/scres/1999/sc99.htm

Minderheitsrechte: Individual- oder Kollektivrechte?

Helmut Linneweber-Lammerskitten

Die Forderung nach Minderheitsrechten kann zum einen als eine Forderung nach Rechten verstanden werden, die dem Individuum als Mitglied einer Minderheit zukommen *(Individualrechte)*, zum anderen kann sie als eine Forderung nach Rechten aufgefasst werden, die nicht (oder nicht primär) dem Einzelnen in der Gruppe, sondern der Gruppe selbst zukommen *(Kollektivrechte)*. Inwieweit eine solche Forderung als *berechtigt* oder auch nur als *sinnvoll* angesehen werden kann, ist noch von mindestens zwei anderen Unterscheidungen abhängig: zum ersten davon, ob die Forderung nach Minderheitsrechten als eine Forderung nach Schutz bereits bestehender Rechte oder aber als Forderung nach Gewährung / Einrichtung von bis anhin noch nicht bestehenden Rechten gemeint ist; zum anderen, ob die Forderung nach Minderheitsrechten auf die Aufhebung einer negativen Diskriminierung, oder aber im Gegenteil auf die Einrichtung oder Anerkennung einer positiven, umgekehrten Diskriminierung hinausläuft, d. h. ob die Forderung im Kern darin besteht, den Mitgliedern einer Minderheit bestimmte Rechte nicht bloss aufgrund der Tatsache, dass sie zu einer Minderheit gehören, zu verwehren, oder aber darin, ihnen spezielle Rechte einzuräumen, die der Mehrheit gerade nicht zukommen; so dass man nach Kombination dieser drei Unterscheidungen zu acht Grundtypen von Forderungen gelangt.

In meinem Paper möchte ich mich auf eine Reflexion dessen beschränken, was in der ersten Unterscheidung vorausgesetzt wird: dass

Minderheiten selbst mögliche Träger von Minderheitsrechten sein können.[1]

1. Die Minderheit als Träger und als Grund von Rechten

Zunächst ist darauf zu achten, dass die Frage nach dem möglichen Träger nicht mit der Frage nach dem Grund für diese Rechte verwechselt wird. In der Forderung nach *Menschen*rechten wird die Referenz des Teilterms «Mensch» in zweifacher Weise in Anspruch genommen: zum einen sind es die Menschen, denen diese Rechte zukommen sollen, i.e. die die *Träger* dieser Rechte sein sollen; zum anderen ist es das Menschsein, bzw. die Zugehörigkeit zur Menge der Menschen, was der *Grund* für das Zukommen solcher Rechte sein

1 Solange die Betrachtung auf *menschliche* Minderheitsgruppierungen beschränkt bleibt, ist die gegenteilige Frage, ob die einzelnen *Mitglieder* der Gruppe mögliche Träger von Rechten sein können, völlig unproblematisch: Dass Menschen als Träger von Rechten in Frage kommen und zwar im distribuierten Sinn, dass jeder einzelne Mensch ein Träger von Rechten ist, ist nicht umstritten. Auch da, wo – wie bei Singer (1979, 65 ff.) – mit dem Gedanken gespielt wird, schwerstbehinderten menschlichen Individuen die Trägerschaft von Rechten (bzw. den moralischen Status von Menschen) abzusprechen, geschieht das nur in der Absicht, Argumente für die mögliche Rechtsträgerschaft von Tieren zu formulieren: Wenn das blosse Nichtvorhandensein bestimmter geistiger und seelischer Eigenschaften ein Grund für das Absprechen der möglichen Rechtsträgerschaft von Tieren *wäre*, dann müsste dies in gleicher Weise auch ein Grund für das Absprechen der Rechtsträgerschaft für entsprechend geschädigte menschliche Individuen sein. Tatsächlich vertritt Singer die Auffassung, dass das Fehlen dieser Eigenschaften *kein* Grund ist, einem Individuum den Status eines Rechtssubjekts abzusprechen.

soll. Während hier die Trägerschaft klar ist: Träger der Menschenrechte ist der einzelne Mensch und nicht das Kollektiv – bieten sich bei den Minderheitsrechten zwei mögliche Träger an: der Einzelne, i. e. das einzelne Mitglied einer Minderheit, oder aber das Kollektiv, i. e. die Minderheit selbst. Auch die Frage, ob der Einzelne oder das Kollektiv der *Grund* für mögliche Rechte sein kann, ist für die Menschenrechte leicht zu beantworten: diese Rechte kommen dem Individuum aufgrund seines Menschseins bzw. aufgrund seiner Zugehörigkeit zur Menge der Menschen zu (qua Mensch und nicht qua Individuum), wohingegen dieselbe Frage mit Bezug auf Minderheiten schwieriger zu beantworten ist. So vertritt der Wert-Kollektivismus *(value-collectivism)* die Auffassung, dass Gemeinschaften unabhängig von ihrem Beitrag zum Wohlergehen der Individuen einen Wert haben können, während dem Wert-Individualismus *(value-individualism)*[2] die Auffassung zugrunde liegt, dass Gemeinschaften nur insofern und insoweit einen Wert haben, wie sie zum Wohlergehen der Individuen beitragen – im ersten Fall wäre das Kollektiv im zweiten das Individuum der Grund für mögliche Rechte (vorausgesetzt, dass es gelingt, aus der Werthaftigkeit Rechte zu begründen). Im Folgenden kommt es mir nur auf die Frage der möglichen Trägerschaft von Rechten und nicht auf den Grund für solche Rechte an.

Um zu zeigen, dass Minderheiten (zumindest diejenigen, die bestimmte Bedingungen *f* erfüllen) selbst Träger von Rechten sein können, bieten sich *drei generelle Wege* an: Erstens kann man versuchen zu zeigen, dass Minderheiten generell einen Wert darstellen, und dass aufgrund der Werthaftigkeit einerseits gewisse Pflichten (auf Seiten der Individuen, Gruppen, des Staates) gegenüber der Minderheit, andererseits korrespondierende Rechte auf Seiten der Minderheit selbst (gegenüber Individuen, Gruppen, des Staates) bestehen («generelle

2 Zur terminologischen Unterscheidung siehe Hartney [1995].

Wertstrategie»). Zweitens kann man argumentieren, dass Minderheiten sich von Kollektiven wie Staaten, Vereinen und Gesellschaften in rechtlicher Hinsicht nicht signifikant unterscheiden, so dass es unzulässig wäre, die letzteren als Rechtsträger anzusehen, diesen Status den ersteren dagegen zu verweigern («Ähnlichkeitsstrategie»). Drittens kann man versuchen, eine Eigenschaft von (bestimmten) Minderheiten zu bestimmen, die sie zu einem möglichen Träger von Rechten macht («Eigenschaftsstrategie»).

2. Die generellen Wertstrategien

Die Versuche mit Hilfe des Wertbegriffs zu zeigen, dass Minderheiten selbst Träger von Rechten sein können, lassen sich als Spezialfälle einer allgemeineren Strategie verstehen, deren grobe Struktur Hartney [1995, 203] für Gemeinschaften (communities) wie folgt mit Hilfe eines Dreierschritts charakterisiert:

1) Communities are goods (i.e., have value).
2) Therefore, they ought to be protected.
3) Therefore, communities have rights (to existence, etc.)

Wenn Minderheiten qua Gemeinschaften selbst Rechte haben, dann erübrigt sich die Frage, ob sie Träger von Rechten sein können.

Ergänzt man in diesem Dreierschritt die noch fehlenden allgemeinen Prämissen:

4) Wenn *x* ein Gut ist (i.e. einen Wert hat), dann sollte *x* geschützt werden.
5) Wenn *x* etwas ist, was geschützt werden soll, dann hat *x* Rechte.

so erkennt man zwei Hauptschwierigkeiten, die sich dieser Strategie entgegenstellen:

a) Legt man die Bedeutung von *«good»* und *«value»* so weit aus, dass man die These 1) akzeptieren kann, wird die Behauptung in 4) unakzeptabel, wählt man sie dagegen so eng, dass 4) akzeptabel ist, dann gibt es Gegenbeispiele zu 1).

b) Legt man die Bedeutung von *«rights»* so weit aus, dass man die These 5) akzeptieren kann, bleibt vom Beweisziel nur noch eine Paraphrase von 2) übrig, wählt man sie dagegen so eng, dass 3) etwas Substantielles zum Ausdruck bringt, dann gibt es Gegenbeispiele zu 5).

Zu a): Wenden wir uns zunächst zwei Versuchen zu, 1) zu begründen. Dass Gemeinschaften selbst und als solche (!) einen Wert besitzen, wird häufig mit dem Hinweis zu begründen versucht, dass ein Leben ohne Gemeinschaft mit anderen Menschen dem Wesen des Menschen nicht entspreche, oder zumindest, dass ein Leben in Gemeinschaft mit anderen Menschen einem Leben ausserhalb jeder Gemeinschaft vorzuziehen sei *(«Zoon-Politokon-Argument»).* Dies ist jedoch viel weniger als in 1) behauptet wird, denn das Zoon-Politokon-Argument (unabhängig davon, ob es zutreffend ist) besagt ja nur, dass keine Form des Alleinseins dem Wesen des Menschen entspreche, bzw. dass es zu jeder Form des Alleinseins eine Form der Gemeinschaft gebe, die der ersteren vorzuziehen sei, während 1) behauptet, dass *jede* Form der Gemeinschaft einen Wert darstellt.

Auch der Versuch, die erste These auf der Grundlage eines «moralischen Skeptizismus» mit dem Argument zu begründen, da man von keiner Gemeinschaft sagen könne, sie sei besser als irgendeine andere, müssten sie alle gleich «wertvoll» sein, führt nicht zum gewünschten Ergebnis, denn erstens folgt aus dem «nicht sagen können» nichts über den tatsächlichen Wert, und zweitens folgt selbst dann, wenn alle Gemeinschaften «gleich wertvoll» wären, nicht, dass sie tatsächlich (in einem positiven Sinn) *wertvoll* sind, sondern nur, dass sie (in einem neutralen Sinn) hinsichtlich ihres Werts *gleich* sind.[3]

Aber ist die These 1) überhaupt plausibel, ist wirklich jede Gemeinschaft ein Gut, stellt jede Art von Gemeinschaft einen Wert dar? Wenn ja, dann wären auch kriminelle Vereinigungen Güter, dann stellten auch Mafia- und Terroristengruppen einen Wert dar. Das Letztere ist absurd: Selbst wenn man zugeben wollte, dass die Mitgliedschaft in einer solchen Vereinigung für einzelne Gruppenmitglieder einen *subjektiven* Wert in einem sehr weiten Sinn haben kann, so handelte es sich in diesem weiten Sinn verstanden doch nicht mehr um ein Gut, dessen Realisierung gefördert oder dessen Existenz gesichert werden sollte. Man gerät also in ein Begründungsdilemma: Fasst man den Wertbegriff so eng, dass 4) akzeptabel ist, gibt es Gegenbeispiele zu 1), fasst man ihn so weit, dass die Gegenbeispiele verschwinden, verliert 4) jede Plausibilität.

Zu b): Ähnlich verhält es sich mit dem Rechtsbegriff. Fragt man, ob wirklich alles, was geschützt werden sollte, selbst ein Recht besitzt, so fallen einem sofort eine Reihe von Gegenbeispielen ein: Über die *Schutzwürdigkeit* seltener Pflanzenarten, eines Biotops, des Kölner Doms, eines bestimmten Brauchtums usw. wird man sich leicht verständigen können, aber nicht darüber, dass diesen Pflanzenarten, dem Biotop, dem Kölner Dom, dem Brauchtum selbst ein *Recht* (in einem engen Sinne des Wortes) zukommt. Erweitert man hingegen den Rechtsbegriff so weit, dass alle nur denkbaren Gegenbeispiele verschwinden, so bleibt vom Begriff des Rechts nichts Substantielles mehr übrig.

Aber auch dann, wenn man nicht bei den Kollektiven, sondern bei den Minderheiten selbst ansetzt und einen analogen Dreierschritt

3 Genauso wenig, wie aus der Tatsache, dass zwei Menschen *gleich gross* sind, folgt, dass sie *gross* sind.

formuliert, erreicht man das Beweisziel nicht, denn es sind nicht alle Minderheiten wertvoll und als solche schutzwürdig (auch hier bilden wieder kriminelle Vereinigungen ein Gegenbeispiel). Gleichwohl ist die Möglichkeit noch offen, dass es Minderheiten / Gemeinschaften bestimmter Art gibt, die aufgrund ihrer spezifischen Qualitäten erstens einen Wert haben, der sie schutzwürdig macht, und die zweitens so beschaffen sind, dass die Möglichkeit der Rechtsträgerschaft nicht ausgeschlossen ist. Wenn es aber die spezifischen Qualitäten einer Minderheit / Gemeinschaft sind, die sowohl darüber entscheiden, ob ihr ein Wert, als auch, ob ihr die Möglichkeit der Rechtsträgerschaft zukommt, dann ist die im Dreierschritt angedeutete Strategie hinfällig: Es ist nicht bloss die Werthaftigkeit zu zeigen, aus der dann die Schutzwürdigkeit folgt, welche wiederum auf die mögliche Rechtsträgerschaft schliessen lässt, sondern die *Qualitäten der Minderheiten / Gemeinschaften* entscheiden zum einen darüber, ob ihnen ein Wert im engeren Sinn zukommt, und zum anderen, ob sie Träger von Rechten sein können.

3. Die Ähnlichkeitsstrategien

Wenden wir uns nun dem Versuch zu, die mögliche Rechtsträgerschaft von Minderheiten selbst durch die Ähnlichkeit zu Staaten, Gesellschaften und Vereinen etc. zu begründen. Jeder derartige Versuch stützt sich auf den allgemeinen moralischen Grundsatz, dass Gleiche gleich (und Ungleiche ungleich) zu behandeln sind: Lassen sich keine Unterschiede zwischen Staaten, Gesellschaften und Vereinen einerseits und Minderheiten andererseits angeben, die in moralisch rechtlicher Hinsicht relevant sind, so müssen die letzteren den ersteren in moralisch-rechtlicher Hinsicht gleichgestellt werden.

Selbst wenn man zugeben würde, dass Minderheiten in mancherlei Hinsicht Staaten (und Entsprechendes gilt für Vereine und Gesellschaften) ähnlich sind, so gibt es doch einen rechtsphilosophisch wichtigen Unterschied. Während nichts dagegen spricht, auch eine einzelne Person als Minderheit anzusehen, ist es aus strukturellen Überlegungen ausgeschlossen, dass es Staaten, Vereine oder Gesellschaften gibt, die nur aus einer einzelnen Person bestehen. Ein wichtiges Argument für die Notwendigkeit des Staates ergibt sich nämlich daraus, dass mit dem freien Willkürgebrauch mehrerer Personen die Möglichkeit einer Kollision dieses Willkürgebrauchs verbunden ist. Dabei kommt es nicht darauf an, ob eine solche Kollision im Einzelfall als real-möglich, oder gar als wahrscheinlich anzusehen ist, sondern es geht nur darum, dass aufgrund der gegebenen Struktur (i. e. freier Willkürgebrauch mehrerer Personen) die *logische Möglichkeit* der Kollision gegeben ist. Die Anzahl der Personen (und die Vielzahl des möglichen Willkürgebrauchs) spielt dabei keine Rolle (solange die Kollisionsmöglichkeit besteht): Schon das Auftreten eines zweiten menschlichen Wesens auf seiner Insel ist für Robinson Crusoe nicht nur eine äussere Gefahr für Leib und Leben, sondern (in philosophischer Hinsicht wichtiger:) das Ende des staatslosen Paradieses. Der Notwendigkeit des Staates in einer Struktur, in der eine Kollision des Willkürgebrauchs logisch möglich ist, korrespondiert jedoch auf der anderen Seite die Überflüssigkeit staatlich-rechtlicher Organisation in Strukturen, in denen eine solche Kollision logisch unmöglich ist, was dann der Fall ist, wenn wir es nur mit einer Person, mit nur einem möglichen Willkürgebrauch zu tun haben.[4] Eine einzige (natürliche) Person braucht keinen Staat (ein solcher wäre prag-

4 Der Frage, ob eine einzige Person im Gebrauch ihrer Willkürfreiheit mit sich selbst in Kollision geraten kann, will ich hier nicht nachgehen: Ich setze für das Folgende voraus, dass man den Begriff der Willkür ohne Substanzverlust so einengen kann, dass eine Kollision des Willkürgebrauchs (in diesem engen Sinne) *logisch* ausgeschlossen ist.

matisch gesehen überflüssig), sie kann aber auch keinen Staat bilden (ein solcher wäre staatsphilosophisch gesehen unmöglich), denn ein solches Gebilde würde die minimale Legitimation staatlicher Gewalt nicht erfüllen, dass sie vor allem (in einem liberalistischen Sinn sogar ausschliesslich) dem Zweck dient, Grundvoraussetzungen zu schaffen, damit Kollisionen des Willkürgebrauchs vermieden bzw. bestehende Kollisionen beseitigt werden können.

4. Eigenschaften der Minderheit selbst (oder ihrer Mitglieder) als Argument für die mögliche Rechtsträgerschaft der Minderheit selbst

Die dritte Strategie, die mögliche Rechtsträgerschaft von Minderheiten selbst zu begründen, besteht in dem Nachweis, dass Minderheiten überhaupt, oder Minderheiten einer bestimmten Art, Eigenschaften besitzen, die sie als mögliche Rechtsträger auszeichnen. Orientiert man sich an den *animal rights* Diskursen, so bietet sich vor allem der *Interessens*begriff als Ansatzpunkt an. Man unterstellt z. B., dass ethnische Minderheiten ein berechtigtes *Interesse* daran haben, ihre eigene Sprache, Weltanschauung, Kultur etc. zu pflegen.

Wie aber, wenn auch nur ein Mitglied der entsprechenden Minderheit dieses Interesse nicht hat oder sogar ein gegenteiliges Interesse verfolgt? Die Frage ist hier nicht, ob dieses Mitglied auf die Verfolgung seiner eigenen Interessen verzichten sollte, es geht nicht um die Lösung eines Interessenskonflikts, sondern vielmehr um die Frage, ob man in diesem Fall überhaupt von einem Interesse der *Minderheit* sprechen kann.

Wesentlich günstiger erscheint der Versuch, statt am Begriff des Interesses am Begriff des *Willens* anzuknüpfen. Dafür liefert die Überlegung des letzten Abschnittes den entscheidenden Punkt: Das in rechtsphilosophischer Hinsicht wesentliche Moment an Staaten, Vereinen oder Gesellschaften ist dies, dass sie ein Lösungsverfahren für Willkürkollisionen der Einzelinteressen enthalten und somit als Instanzen angesehen werden können, die zu einer einheitlichen Willensbildung fähig sind. Auf Minderheiten bezogen heisst dies, dass sie insofern und insoweit als mögliche Träger von Rechten angesehen werden können, als sie als Träger eines einheitlichen Willens verstanden werden können.

Literatur

Hartney, M. (1995): «Some Confusions Concerning Collective Rights», in: W. Kymlicka (ed.), *The Rights of Minority Cultures*, Oxford: Oxford University Press, 202–227.

Singer, P. (1979): *Practical Ethics*. Cambridge: Cambridge University Press.

Le droit à l'intervention est-il un droit collectif?

VÉRONIQUE ZANETTI

La littérature secondaire s'accorde presqu'unanimement pour donner à l'aspect quantitatif des violations une place centrale dans la justification morale d'une intervention humanitaire. Une intervention est considérée comme légitime lorsqu'un gouvernement pratique officiellement une politique d'apartheid, d'épuration ethnique, qu'il se livre à un génocide ou lorsque l'éclatement du pouvoir fait en sorte qu'une partie essentielle de la population est menacée de mort. Dans chacun des cas, c'est le nombre de personnes menacées ou de victimes qui compte; nombre auquel s'ajoute, lorsqu'il y a épuration ethnique ou génocide, l'idée que l'existence d'une partie ou de tout un groupe est visée. Implicitement au moins – car ce point n'est à ma connaissance pas thématisé dans la littérature sur l'intervention – il est fait référence à un collectif: un collectif d'agrégation dans un cas (relatif au nombre) et un collectif que j'appellerai d'identité dans l'autre (relatif à l'appartenance à un groupe). On est dès lors invité à se demander si le droit des victimes à une intervention[1]

1 Dans le droit international il est toujours question d'un droit qu'ont les Etats à intervenir lorsqu'une situation menace la paix dans une région ou la paix internationale. De plus en plus cependant, on assite à un déplacement de l'argumentation en faveur d'un droit qu'auraient les individus à une intervention extérieure dans des cas d'urgence humanitaire. C'est dans cette optique que le parlement européen s'est prononcé officiellement en avril 1994 en faveur d'une reconnaissance légale du droit à l'intervention humanitaire (Amtsblatt Nr. C 128/226). Je m'appuie sur cette évolution pour considérer le droit en question comme un droit à l'intervention ainsi que sur des considérations normatives que j'ai présentées en d'autres endroits. Voir sur ce point mon article, «Die Verrechtlichung der humanitären Intervention: eine Chance oder eine Bedrohung?». In: K.-J. Kuschel et al. 1999.

est un droit collectif plutôt qu'un droit individuel et cela du fait que les individus dont les droits sont officiellement violés ne peuvent prétendre à une intervention si leur nombre ne suffit pas à conférer une légitimité à l'opération ou s'ils ne font pas partie d'une communauté que le pouvoir cherche à exterminer.

On se rend immédiatement compte que la problématique traitée ici recourt à une autre utilisation du concept de droit collectif que celle qui est habituellement à la base des revendications émanant de certains groupes ou minorités. Dans ce dernier cas, la revendication de droits spécifiques en faveur d'un groupe ou de ses membres est censée compléter le catalogue des droits individuels en vue de protéger plus largement l'identité culturelle de minorités. Le traitement du cas qui nous occupe est plus ambigu. D'un côté, lorsqu'une minorité est identifiée et reconnue comme telle par le droit international, ses membres jouissent d'une plus grande protection potentielle contre les agressions extérieures que les non-membres. La déclaration relative au droit des minorités de 1992 engage en effet les Etats signataires à adopter des mesures adéquates pour protéger ou aider les minorités linguistiques, ethniques ou religieuses sur leur territoire et pour veiller à la non-discrimination de leurs membres (art. 1 et 4). Toute démarche officielle violant les accords est dès lors punissable et peut faire l'objet d'un plainte devant la Cour Internationale de Justice.[2] De la même façon, la Convention sur le génocide, en explicitant les diverses manières dont un gouvernement peut exterminer un groupe (art. 2 et 3), a pour but d'aiguiser l'attention du monde sur les crimes contre l'humanité ainsi que d'accroître le sens de responsabilité de la communauté internationale envers les victimes. De l'autre côté, la triste ironie d'une telle convention c'est qu'elle risque de fournir à une action internationale une grille de légitimation trop grossière, à travers laquelle passeraient les violations qui ne satisfont pas à

2 Art. 36 des statuts de la Cour internationale de justice.

la définition du génocide. Le sort dramatique du peuple Tchéchène en est un exemple. C'est pourquoi la relativisation d'un droit individuel, du fait qu'une prétention n'est prise en compte que lorsque les violations atteignent des proportions que les autres nations ne peuvent ignorer, conduit dans certaines circonstances à priver l'individu d'une protection à laquelle il est théoriquement en droit de prétendre.

Dans les développements qui suivent, je vais me demander quelles sont les conséquences théoriques, sur le droit individuel, de la référence à un collectif lorsqu'il s'agit de légitimer l'intervention. Pour ce faire, je vais examiner l'usage que la littérature traitant du droit des minorités fait de cette notion et en questionner la pertinence pour notre approche.

1. La notion de droit collectif

Le langage juridique use amplement de collectifs pour désigner des titulaires de droits. Dans le registre du droit international, on pense en premier lieu à la notion de peuples, auxquels la Charte de l'ONU accorde explicitement un droit à l'autodétermination. Les Etats sont les sujets du droit international; ils signent les accords et les conventions et sont reconnus comme les titulaires officiels de droits et de devoirs. De même, certaines conventions fondées sur les droits fondamentaux des personnes font référence, de manière implicite au moins, à des collectifs. C'est le cas de la convention sur la prévention et la punition du crime de génocide (1948), du pacte international sur les droits économiques, sociaux et culturels (1966) et de la déclaration sur les droits des personnes appartenant à des minorités nationales, ethniques, religieuses et linguistiques (1992). Dans les trois documents, il est fait mention de groupes, rassemblés autour de composantes raciales, ethniques, religieuses ou culturelles communes. Le deuxième article de la convention concernant le génocide définit ce dernier comme un ensemble d'actes «commis dans l'intention de détruire en tout ou en partie, un groupe national ethnique, racial, ou religieux». Il est donc reconnu aux groupes en question un droit à exister en tant que tels. De même, dans les documents relatifs aux droits culturels et aux droits des minorités, il est fait clairement mention d'un collectif puisqu'il ne peut exister de culture ou de minorité ethnique sans un minimum de vie sociale cristallisée autour d'une identité partagée.

Malgré cela, il est intéressant de constater que la notion de droit collectif est quasiment absente du vocabulaire juridique et qu'elle ne fait pas l'objet d'une analyse digne de ce nom. D'ailleurs, la déclaration en faveur de la protection des minorités ne fait pas à proprement parler mention de droits de groupes: elle est formulée de telle sorte que, en s'appuyant sur l'article 27 de la Charte sur les droits civils et politiques, elle reconnaît aux individus le droit d'appartenir activement à une minorité ethnique, religieuse ou linguistique sans qu'il leur soit porté préjudice. Simultanément, toutefois, l'article 1 attribue aux Etats le devoir de protéger l'existence et l'identité des minorités sur son territoire en adoptant des mesures appropriées à cette fin. Ce faisant, il reconnaît – implicitement au moins – à un collectif le statut de bénéficiaire de ses actions.

La raison de cette absence est compréhensible. En effet, le concept de droit est intimement lié à l'existence d'intérêts légitimes que les individus revendiquent et dont ils peuvent montrer que la satisfaction est indispensable à leur bien-être ou qu'elle est raisonnable. Or, il est bien difficile d'attribuer de tels intérêts à un collectif. De plus, une telle attribution conduit à traiter les individus comme si ceux-ci étaient façonnés par la vie et les intérêts d'un groupe plutôt que comme des personnalités autonomes poursuivant leurs propres buts. Enfin, la notion de groupe recouvre une réalité souvent si mouvante et dont les contours sont si élastiques qu'il y a de bonnes raisons d'hésiter à conférer à cette dernière une personnalité juridique.

Pourtant, disent certains auteurs,[3] si ce sont bien les groupes eux-mêmes et non seulement les individus qui doivent être protégés des actes discriminatoires par le droit, il est indispensable qu'il soit reconnu aux groupes en tant que tels une personnalité juridique leur garantissant une certaine autonomie dans l'exercice de leurs droits ou leur permettant de porter plainte lorsqu'il en est fait violation. Jusqu'ici, le droit international ne reconnaît pas aux minorités le statut de sujets de droits: un groupe minoritaire ne peut par exemple pas élever une plainte contre l'Etat auquel il est assujetti auprès du Tribunal International. Aussi, comme les minorités nationales représentent par définition des peuples ne disposant pas de leur propre Etat, il leur manque l'organe indispensable qui leur garantirait l'accomplissement des normes juridiques en cas de nécessité.

Pour ne pas perdre de vue notre enjeu et ne pas risquer de s'engager dans un débat au sujet duquel la littérature ne permet déjà plus d'avoir de vue d'ensemble, il est nécessaire de revenir au point de départ et de dégager les éléments qui font que l'on est tenté de parler d'un droit collectif plutôt que d'un droit individuel s'agissant du droit d'intervention.

J'ai rappelé l'usage qui est fait d'un référent collectif dans certains documents du droit international. J'ai rappelé aussi le fait que la littérature secondaire s'accorde à mettre au centre des critères de légitimité de l'intervention humanitaire l'ampleur des violations, que celles-ci visent des individus de manière arbitraire ou des groupes spécifiques. Dans tous les cas, nous avons affaire à un certain paradoxe: c'est le droit des individus qui est violé, et pourtant ceux-ci n'ont droit à ce qu'une intervention se concrétise que lorsqu'un certain nombre de victimes est atteint ou lorsque l'existence d'un peuple est menacée.

3 Cf. Bokatola, I. O 1992; voir également Kymlicka, Will 1995.

Dans le domaine des affaires intérieures d'un pays, les citoyens ont un droit individuel à la protection de leur vie et de leurs biens par l'Etat. Lorsque ce dernier n'est pas en mesure de remplir ses obligations ou lorsqu'il les néglige, aucune structure de substitution au niveau supranational n'existe pour assurer au citoyen une protection équivalente. A l'échelle internationale, le citoyen perd ses droits à la protection et à la sécurité par l'effet de la concurrence du droit à la souveraineté des Etats. Il faut que les violations prennent une ampleur telle qu'elles soient à l'origine d'une déstabilisation susceptible de mettre en danger la paix dans une certaine région ou qu'elles représentent une violation de la convention sur le génocide pour que le principe de proportionnalité permette au droit d'écarter provisoirement l'impératif de la souveraineté au profit d'une intervention extérieure.

Quand on parle de droit collectif, il faut d'abord se demander quel est l'aspect du droit que l'on qualifie ainsi. Ce peut être le bénéficiaire du droit qui est envisagé, mais ce peut aussi être l'intérêt qui est à l'origine de la création du droit ou encore le bien assuré par le droit qui sont conçus comme un collectif. Je vais reprendre ces trois versions.

2. Quelles sont les entités collectives susceptibles d'être titulaires d'un droit à l'intervention?

J'en retiendrai trois:

1) Un collectif relatif au nombre que j'appellerai un collectif d'agrégation. Nous en avons un exemple lorsqu'une partie importante d'une population est menacée de famine ou est victime d'une catastrophe naturelle. Le collectif regroupe sans distinction un certain nombre

d'individus unis par un sort tragique, sans référence aucune à leur identité.

L'usage du terme «collectif» dans ce cas paraît à première vue inadéquat puisqu'il s'agit d'un sujet non homogène. Il ne recouvre en tout cas pas ce que le droit cherche à définir à travers le droit des minorités. Car s'il est vrai que la notion d'homogénéité est une notion très problématique dès qu'il s'agit de définir des critères applicables à toute une ethnie par exemple, elle ne reste pas moins un principe régulateur qui sert de guide pour regrouper des personnes autour d'une identité commune.

2) Un collectif d'identité. Il s'articule autour de certaines caractéristiques chères aux communautariens telles que la culture, la langue ou la religion. Pour que l'on puisse parler d'identité de groupe, il est important que les critères d'appartenance au groupe soient suffisamment précis pour permettre de distinguer les membres des non-membres. Mais surtout, si les intérêts du groupe doivent pouvoir servir de fondement à la revendication de droits spécifiques, il faut que les membres du groupe à leur tour s'identifient en référence à ce dernier. La référence à une identité commune souligne le caractère relativement homogène de la communauté et la permanence des caractéristiques d'identité. Et lorsque les valeurs de la communauté entrent pour une part importante dans la manière dont les membres définissent leur identité, s'estiment et s'orientent dans le monde, il y a de bonnes raisons morales d'assurer à la communauté un droit, voire même des moyens d'exister.

3) Un collectif d'appartenance (ethnie, race, sexe). Les individus appartenant à un tel groupe ne s'identifient eux-mêmes pas nécessairement par rapport à lui. Il sont toutefois identifiés sur cette base par les auteurs de la violation.

Le titulaire du droit collectif n'est toutefois pas encore suffisamment déterminé par la délimitation du groupe. Les droits collectifs peuvent en effet être envisagés comme des droits qui reviennent au groupe en tant que tel ou comme des droits qui reviennent à ses membres du fait de leur appartenance au groupe en question. On fera donc la différence entre:

- Les droits du groupe en tant que tel: par quoi on comprend les droits que le groupe lui-même possède et non pas l'individu. Lorsqu'un territoire est accordé à une communauté aborigène par exemple, l'usufruit du territoire est considéré comme un bien collectif. Le territoire ne peut être vendu sans le consentement de la communauté dans son ensemble et les membres du groupe ne peuvent disposer de la propriété librement pour la vendre à titre privé à des ressortissants étrangers. En règle générale, seul un collectif d'identité est titulaire de droits de groupe.
- Les droits spécifiques à un groupe: par quoi on entend les droits que les individus possèdent de par leur appartenance à un groupe. P. ex., le droit pour un témoin de Jehova de n'être pas soumis au service militaire obligatoire ou le droit d'un juif pratiquant de ne pas travailler le jour du sabbat. Dans certaines collectivités même, la personne étrangère qui a intégré la collectivité par le mariage d'un des membres doit abandonner celle-ci lors de la mort du partenaire, le droit n'étant octroyé que tant que la personne étrangère est liée à un membre de la communauté.

On s'aperçoit aisément que, s'il y a un droit collectif à une intervention, en réponse à des violations massives, à un génocide ou à une épuration ethnique, ce n'est pas dans le sens d'un droit qu'aurait le groupe en tant que tel. Pour cela, il faudrait que l'extension du groupe soit clairement définissable et définie, que le bénéficiaire direct soit le groupe lui-même, que les individus n'en soient que les bénéficiaires indirects et enfin, que le groupe seul soit reconnu comme le sujet juridique susceptible de réclamer ses droits. Or, quand le groupe est défini par un collectif d'agrégation, aucun des critères n'est satisfait: il appartient à la caractéristique de ce collectif de rassembler les individus de manière arbitraire; en outre, l'extension des violations est souvent difficilement cernable, comme lors de guerres civiles où les massacres ne sont pas perpétrés unilatéralement. Sans identité précise du groupe, aucun des deux autres critères ne peut être rempli. Mais surtout, si le *bénéfice* du droit à l'intervention – c'est-à-dire sa concrétisation – est dépendant de considérations relatives au nombre,[4] les *bénéficiaires* n'en demeurent pas moins toujours les individus. C'est pourquoi on ne peut parler de droit collectif dans le sens d'un droit de groupe. On a affaire à un droit individuel à un bien collectif et non pas à un droit de nature collective.

Est-ce que le droit est spécifique aux membres d'un groupe? Lorsque le groupe est défini selon un critère d'identité ou d'appartenance, lorsque, par exemple, le peuple juif, kurde, arménien ou l'ethnie hutue sont victimes de violations massives, l'extension du groupe peut être clairement définissable. Dans ce cas, les membres du groupe peuvent se référer à la Convention sur le génocide pour réclamer une intervention de la communauté internationale ou pour émettre une plainte contre elle si elle n'est pas intervenue. Il n'est alors théoriquement pas même nécessaire que les violations aient pris des dimensions massives. Il suffit que les actions entreprises contre les membres d'un groupe ethnique, national, racial ou religieux aient un caractère systématique, c'est-à-dire qu'elles ne soient pas le fait d'actions individuelles isolées mais d'une action planifiée pour qu'elles satisfassent aux critères retenus par l'article II de la Convention. Ce sont donc bien en tant que membres du groupe menacé que les individus peuvent recourir aux documents internationaux pour réclamer une protection internationale. Le collectif auquel il est fait

4 Même lorsque la violation est liée à l'existence d'un groupe, lorsqu'il s'agit par exemple de la suppression d'un minorité, l'aspect quantitatif demeure déterminant.

référence peut être un collectif d'identité aussi bien qu'un collectif d'appartenance et le droit est dit collectif du fait qu'il est spécifique aux membres d'un groupe.

Pourtant, il serait indéfendable de soutenir que seuls les membres du groupe ainsi défini sont les bénéficiaires directs d'une intervention. Toute personne victime de violations, et non seulement les membres du groupe menacé, devient un bénéficiaire potentiel dès le moment où une intervention humanitaire se met en place. Faute de quoi, les forces intervenantes peuvent être accusées de discrimination envers les victimes. L'impartialité de l'aide est d'ailleurs, comme nous l'avons vu, un des critères de légitimité essentiels d'une intervention humanitaire, ce qui distingue profondément cette dernière d'une intervention d'humanité dont se réclame un pays lorsqu'il intervient sur un territoire étranger pour sauver ses propres ressortissants en danger. On peut dès lors écarter également la deuxième conception du droit collectif. Les individus sont certes les bénéficiaires, mais non pas uniquement en tant qu'ils appartiennent à un groupe déterminé. A moins que l'on entende le groupe dans le sens d'un collectif d'agrégation. On dira alors que les victimes de violations ou les victimes de catastrophes naturelles, et elles seules, sont susceptibles de bénéficier de l'aide extérieure. Mais il est difficile de s'imaginer en quoi cette discrimination constitue un privilège qui serait à l'origine de la constitution d'un droit.

Il y a encore une raison qui peut amener à souhaiter que l'on parle de droits de groupes en rapport à des garanties de protection internationale. C'est le fait que l'on reconnaît à certains individus des privilèges liés à leur appartenance à un groupe dont les caractéristiques méritent d'être protégées. On leur reconnaît, en d'autres termes, en plus du droit à être traités comme tous les hommes, le droit à être traités différemment des autres dans l'exercice de certaines actions. C'est ce vers quoi je me tourne maintenant.

3. Le motif générateur du droit: un collectif d'intérêts

Dans la littérature traitant du droit des minorités, l'argumentation la plus répandue est celle qui est fondée sur l'existence d'un intérêt collectif. Elle part de l'observation que les membres du groupe s'identifient et se situent dans le monde en fonction des intérêts qu'ils partagent et que ces intérêts sont dignes d'être protégés ou encouragés.

Cette argumentation s'appuie sur la théorie des droits-intérêts individuels qu'elle étend à un sujet collectif: les droits individuels existent lorsque l'intérêt des individus justifie l'imposition à d'autres de devoirs correspondants;[5] de même, les droits collectifs existent-ils lorsque l'intérêt du groupe justifie une pareille imposition de devoirs à d'autres. Je reviendrai plus loin sur cet aspect de la question.

Je l'ai dit, pour que les intérêts soient ceux d'un groupe en particulier, il est nécessaire qu'ils soient spécifiques à ce groupe et qu'ils distinguent en cela les membres du groupe des autres individus; il ne suffit pas que tout un groupe de personnes se trouve à partager un intérêt commun, comme p. ex. l'ouverture nocturne des magasins, mais il faut encore que l'objet de l'intérêt constitue la spécificité du groupe. Pour qu'on puisse parler de droit collectif, il faut que les intérêts à la création d'un bien public soient ceux d'individus en tant qu'ils sont membres du groupe et que le droit à ce bien public soit un droit du fait qu'il sert les intérêts des membres du groupe.[6] Les prescriptions de la religion juive et ses rites, par exemple, spécifient l'intérêt que les juifs ont, et eux seuls, à élever leurs enfants dans la tradition qui est la leur, à ne pas travailler le jour du sabbat ou à pouvoir en revanche ouvrir leurs magasins les autres jours. C'est dans ce sens

5 Voir par exemple Raz, Joseph 1986.

6 Voir Raz 1986: «the interests in question are the interests of individuals as members of a group in a public good and the right is a right to that public good because it serves their interest as members of the group», 208.

que Hartney souligne que les droits des groupes sont des droits qu'ont les membres d'être traités différemment des non-membres: «Individual rights are rights to be treated like any other human being; group rights are rights to be treated differently».[7]

Est-ce que le droit à l'intervention humanitaire est traduisible dans la rhétorique du droit-intérêt? De quel intérêt s'agirait-il?

Il y a au moins deux manières de répondre à cette question:

1) On peut, d'une part, y répondre par la négative en soulignant qu'il y va d'un intérêt qui n'est pas spécifique à un groupe. Ce que les individus réclament à travers le droit à une intervention humanitaire, c'est une assistance extérieure chargée de les protéger contre les violations exercées par leur propre gouvernement ou chargée de pallier l'incapacité de ce dernier à assurer une sécurité suffisante aux personnes placées sous son autorité. Les droits que les individus réclament – le droit à la vie, à la sécurité, à ne pas être emprisonnés arbitrairement ou soumis à la torture – sont des droits fondamentaux reconnus internationalement. Le cas de figure est donc bien différent de celui qui caractérise la création de droits en faveur d'un groupe ou de ses membres. Contrairement aux droits spécifiques qui viennent souvent se surajouter ou se substituer aux droits constitutionnellement garantis pour la majorité, le droit à ce que la sécurité des citoyens soit assurée par une instance supranationale lors de violations ou de graves manquements, n'est pas constitutif d'un nouveau droit. Ce qui change c'est le *destinataire* des obligations et des attributions qu'engendre ce droit: au lieu d'être le gouvernement, c'est une instance internationale.

2) On peut toutefois aussi affirmer que l'intervention humanitaire se fonde sur un intérêt collectif. Conformément à ce qui a été dit plus haut, on peut soutenir que, en revendiquant des droits spécifiques,

7 Hartney, Michael (1995, 220).

les membres du groupe soulignent le droit que le groupe a d'*exister* à travers ses divers modes d'expression. Cela paraît d'autant plus plausible lorsque les membres d'un groupe ne se définissent pas autour d'un dénominateur commun à tous (que l'on pense par exemple à la communauté juive: certains membres se définissent par la religion, d'autres non). Lorsque l'*existence* du groupe est menacée par la violence exercée par l'Etat ou par d'autres groupes tolérés par l'Etat, ce dernier se rend alors responsable d'un génocide. Dans ce sens, extrêmement large, la théorie de l'intérêt rejoint le terrain du droit à l'intervention et l'on peut dire que, lors de discriminations systématiques, d'épuration ethnique ou autres mesures violentes visant les membres de groupes, le droit collectif à la protection d'un groupe ethnique ou religieux se trouve violé et que les membres, en tant qu'ils sont les membres du groupe, peuvent se réclamer de la convention sur le génocide pour exiger de la communauté internationale qu'elle prenne des mesures contre l'Etat coupable. Mais, comme dans le cas précédent, l'intérêt que le droit est censé protéger n'est pas un intérêt spécifique. Il s'agit de l'intérêt que tout le monde porte à ce que l'expression d'un intérêt spécifique, moralement défendable, ne soit pas la raison d'une discrimination de la part du pouvoir. C'est ce que reconnaît l'article 27 de la Charte sur les droits civils et politiques.

4. Légitimité de l'intervention: une question de pondération

Jusqu'ici, l'analyse du concept de droit collectif a mis en évidence le fait que les caractéristiques retenues traditionnellement pour justifier les droits spécifiques que l'on devrait accorder à un groupe ne sont pas entièrement pertinentes lorsqu'elles sont appliquées au cas de l'intervention. D'une part, il est vrai que la Convention sur le génocide permet aux membres d'un groupe de se référer à un collectif pour exiger une protection internationale. Si l'existence du groupe est mise en question et si la vie de ses membres est menacée, les pays signataires de la Convention sont dans l'obligation de prendre des mesures de protection. D'autre part, dès le moment où des mesures sont prises, il est exclu que seuls les membres du groupe en soient les bénéficiaires si les victimes sont à compter parmi les non-membres. Il n'y a donc à proprement parler ni un intérêt spécifique à un groupe uniquement, ni un droit à un bien collectif, toute personne ayant en principe intérêt à vivre dans un environnement de paix dans lequel sa sécurité personnelle est garantie de manière optimale et dans lequel elle peut au mieux s'épanouir. Ce qui est collectif n'est ni l'intérêt spécifique ni le titulaire du droit.

Pourtant, il est difficile de soutenir le contraire, les individus sont traités en collectifs lorsque leur revendication individuelle n'est pas suffisante pour conférer une légitimité à une action militaire extérieure.

On le voit, le collectif en question n'en est pas à proprement parler un. Du moins, il ne partage pas grand chose avec le qualificatif dont se servent ceux qui argumentent en faveur d'un droit des groupes. Ce qui reste de la dimension collective est le fait que la prise en considération de l'intérêt individuel se mesure au nombre de personnes qui le font valoir et à l'importance des devoirs liés à la mise en place du droit. La concrétisation du droit s'effectue en d'autres termes sur le fond d'un calcul de nature conséquentialiste qui pondère les revendications des individus en tenant compte de leurs coûts pour la société. Or les coûts d'une intervention militaire peuvent être très élevés et ils ne sont pas seulement matériels, comme on le sait trop bien.

Le problème auquel il est fait référence ici est un problème bien connu de la théorie des droits. Les intérêts individuels fondent des droits seulement dans la mesure où il n'y a pas d'objection raisonnable à opposer à leur codification. A leur tour, les droits créent des obligations seulement si l'intérêt de leur titulaire constitue une raison suffisante pour qu'une autre personne ou pour qu'une collectivité ait envers lui l'obligation de protéger ou de promouvoir cet intérêt. Lorsqu'un ensemble de considérations – par exemple un conflit entre des droits individuels – affaiblissent les revendications qui sont à la base du droit, le droit ne perd pas nécessairement sa validité mais il peut être suspendu dans les circonstances en question. Se souvenant que l'attribution de droits sert de fondement à l'attribution correspondante d'obligations, il faut se demander dans quelle mesure la réalisation du droit à l'intervention et de ses obligations correspondantes n'est pas trop lourde à porter pour qu'on puisse moralement l'exiger. Le désir des opprimés de recevoir le plus rapidement possible une aide de l'étranger est, en effet, difficilement compatible avec le désir tout aussi compréhensible des soldats des forces d'intervention de ne pas mettre leur vie en danger.

Tant que l'intervention humanitaire est conçue comme une entreprise militaire menée par des forces alliées sous l'égide des Nations Unies contre un pays dans lequel les droits fondamentaux sont systématiquement et massivement méprisés, il est parfaitement compréhensible, et il est souhaitable, qu'elle soit une ultime mesure, prise après une mûre pondération des coûts et des bénéfices espérés. Les critères retenus sont alors relatifs à l'ampleur des violations, à leur signification pour la paix d'une région et à la vraisemblance avec laquelle les forces d'intervention pourront l'emporter et les violations cesser. Dans ce cas, les principes suivant doivent être adoptés: a) l'intervention militaire est une mesure ultime, décidée après épuisement des mesures coercitives pacifiques prises préalablement; b) l'intervention militaire est entreprise en réponse à des violences exercées officiellement contre un nombre important de victimes; c) elle est entreprise en réponse à des violations du droit à la vie, à la sécurité et à l'intégrité physique des victimes; d) elle est décidée lorsqu'il est prévisible que les effets secondaires négatifs de l'intervention seront moins élevés que les bénéfices escomptés. Il ne faut toutefois pas négliger de se demander quels sont les moyens dont on dispose pour intervenir préalablement à la dégradation de la situation dans le pays et quelles sont les responsabilité que l'on porte par rapport à cette dégradation.[8]

Bibliographie Droits collectifs

Alexy, R. (1995): *Recht, Vernunft, Diskurs,* Frankfurt/Main.

Betatti, M. (1996): *Le Droit d'ingérence,* Paris.

Bokatola, I. O. (1992): *L'organisation des Nations Unies et la protection des minorités,* Bruxelles.

Czempiel, E. O. (1995): «Die Intervention. Politische Notwendigkeit und strategische Möglichkeit». In: H. Jäckel (Hrsg.) 1995.

Jäckel, H. (Hrsg.) (1995): *Ist das Prinzip der Nichteinmischung überholt?,* Baden-Baden.

Kymlicka,W (ed.) (1995): *The Rights of Minority Cultures,* Oxford.

Raz, J. (1986):*The Morality of Freedom,* Oxford.

Rosenblum, N. (ed.) (1989): *Liberalism and the Moral Life,*Cambridge, Mass.

Scanlon (1998): *What we ought to each other,* Cambridge, Massachusetts/London.

Vincent. R.J. (1974): *Nonintervention and International Order,* Princeton.

Waldron, J. (1993): *Liberal Rights,* Cambridge, Mass.

Zanetti, V. (1999): «Die Verrechtlichung der humanitären Intervention: eine Chance oder eine Bedrohung?». In: K.-J. Kuschel et al. (Hrsg.): *Ein Ethos für eine Welt? Globalisierung als ethische Herausforderung,* Frankfurt am Main/New York, 200–223.

8 Voir les réflexions sur l'intervention préventive dans Mario Betatti 1996, 247 ss.; ainsi que les artiles de Ernst-Otto Czempiel, de Winrich Kühne et de Klaus Dicke dans Hartmut Jäckel 1995. Voir également mes remarques V. Zanetti 1999, 200–223.

Multiculturalisme et philosophie politique: Le discours ‹politiquement correcte› est-il un danger pour l'égalité libérale?[1]

JÉRÔME NIQUILLE

Introduction

Le multiculturalisme a connu ces dernières années un grand succès, aussi bien dans le monde académique qu'auprès de certains politiciens – en Amérique du Nord tout particulièrement. Cet intérêt pour le multiculturalisme a presque entièrement remplacé le débat entre les libéraux et les communautariens sur la scène de la philosophie politique. Dans un texte relativement récent,[2] Will Kymlicka émet l'idée que la théorie multiculturelle, qu'il a contribué à développer et à rendre célèbre en cherchant à la fonder sur les exigences de base de la théorie libérale, est en train de créer un nouveau consensus en philosophie politique.

J'aimerais, dans cet article, tempérer cette affirmation et montrer que ce consensus est en danger et, en tout cas, qu'il serait une mauvaise chose. Je vais avancer quelques arguments, tirés notamment de l'excellent ouvrage de Brian Barry, *Culture and Equality*, qui devraient, si seulement les auteurs multiculturalistes acceptent d'y répondre,

1 Je voudrais remercier Jean-Christophe Merle et Daniel Loewe, en particulier, pour leurs remarques et suggestions utiles, sur le sujet de cet article et sur cet article lui-même.

2 Il s'agit de l'article «Liberal Culturalism: An Emerging Consensus?», écrit en 1998 et édité dans le volume récent de Kymlicka, *Politics in the Vernacular: Nationalism, Multiculturalism and Citizenship* (Kymlicka 2001: pp. 39–48).

mettre dangereusement à mal la popularité des thèses de ces derniers. Je me concentrerai essentiellement sur des aspects touchant à la relation entre le multiculturalisme et l'idéal libéral d'égalité.

Le but de cet article est de faire entendre une voix dissidente[3] et de provoquer un sursaut critique contre l'omniprésence des thèses multiculturalistes qui occultent trop souvent les vrais problèmes et les vrais débat. Cela est particulièrement vrai des problèmes touchant aux considérations sur l'égalité et j'espère donner un ensemble convaincant d'arguments qui soutiennent ma position. Il en va à mon avis de la possibilité même d'un progrès véritable de la philosophie politique dans sa compréhension de l'égalité libérale, au moyen d'arguments rationnels et non de propos «politiquement corrects».

Les personnes qui s'attendent à trouver dans cet article des thèses novatrices et des constructions élégantes seront déçues. Rien de ce qu'on lira dans la suite ne témoigne d'une originalité folle. La raison en est que la plupart de ces idées appartiennent au canon libéral «classique». Mais, vu la popularité dont jouissent les thèses multiculturalistes dans les milieux les plus divers, il me semble urgent et nécessaire de rappeler les thèses classiques et de les mettre en concurrence avec les thèses multiculturalistes, qui prétendent les remplacer et les améliorer.

Une petite remarque terminologique avant d'entrer dans le vif du sujet. J'utiliserai abondamment le mot «multiculturalisme» dans cet article et je voudrais préciser le sens dans lequel j'entends l'utiliser. On peut en effet comprendre ce terme à la mode de deux manières qu'il convient de distinguer.[4] «Multiculturalisme» peut être entendu dans un sens descriptif et se référer à un fait présent de manière indiscutable dans nos sociétés libérales modernes: on y trouve

3 Je ne suis évidemment pas la seule, ni la première voix dissidente. Mais force est d'avouer qu'elles se sont montrées discrètes jusqu'à maintenant.

4 On trouve cette distinction entre multiculturalisme comme fait et multiculturalisme comme norme chez Charles Westin (Westin 1998, cité dans Barry 2001, pp. 22–23).

en effet une multiplicité plus ou moins grande de cultures, religions, styles de vie, etc. Mais «multiculturalisme» renvoie aussi très souvent, surtout dans la littérature qui nous intéresse, à un programme politique qui prétend apporter des solutions justes aux problèmes que peut poser la cohabitation de ces différentes cultures, religions, styles de vie, etc. «Multiculturalisme» prend alors une connotation normative. C'est sauf indication contraire dans ce dernier sens que j'utiliserai le terme «multiculturalisme». De plus, j'utiliserai, par souci de clarté, l'adjectif «multiculturaliste» lorsque je voudrai donner une connotation normative et «multiculturel» lorsque je voudrai donner une connotation descriptive, factuelle.

Multiculturalisme et égalité

Culture et égalité

Will Kymlicka pense que les libéraux, au contraire des communautariens, ne rendent pas compte de manière satisfaisante du rôle joué par la culture dans la vie des individus. Il pense toutefois que les conceptions communautariennes permettent des atteintes inacceptables aux droits et libertés des individus. Son ambition est de proposer une théorie qui tienne compte de l'importance qu'il reconnaît à la culture, une théorie qui puisse s'inscrire dans une vision libérale fondée sur la priorité de certains droits individuels. Kymlicka cite, au nombre des principes fondamentaux du libéralisme, la liberté et l'égalité. C'est cette exigence libérale d'égalité qui va m'occuper dans les lignes qui suivent. Il s'agira de voir si la théorie politique multiculturelle proposée par Kymlicka remplit vraiment cette exigence, comme le voudrait et le prétend Kymlicka. Je ne me pencherai que sur un aspect particulier de la théorie de Kymlicka, à savoir son appel à des droits d'exemptions juridiques. Je tenterai de montrer que l'argumentation à laquelle a recours Kymlicka se fonde sur une conception fausse de l'égalité, dans une perspective libérale en tout cas. Dans ce but, je m'appuierai largement sur l'excellente discussion menée par Brian Barry dans son récent ouvrage *Culture and Equality*. Puis, dans un deuxième temps, j'élargirai quelque peu le spectre de mon analyse en critiquant un aspect de la théorie de Iris Marion Young, qui commet les mêmes erreurs fondamentales que Kymlicka. Enfin, je dirai quelques mots de certaines conséquences dommageables des politiques multiculturalistes pour l'égalité, malgré les objectifs avoués de ces politiques. Je soutiendrai que cette politisation de la culture (ou cette «culturalisation» de la politique) se fait au détriment de politiques égalitaires justes.

Will Kymlicka et les droits spécifiques d'exemption

Kymlicka et les droits culturels

Kymlicka donne une importance très grande à la culture. Il prétend que les libéraux ne reconnaisse pas suffisamment l'importance de la structure culturelle pour la vie de l'individu et, partant, ne proposent pas les dispositions adéquates pour traiter les problèmes soulevés par les différences culturelles et leur cohabitation parfois difficiles. Dans son livre *Multicultural Citizenship,*[5] le philosophe canadien argumente

5 On trouve une première ébauche de la théorie dans Kymlicka 1989, mais c'est dans *Multicultural Citizenship* (1995) que Kymlicka tente de développer de manière plus explicite ses idées. Pour une discussion plus concrète de cette théorie, dans le cadre du pays de Kymlicka, le Canada, on se réfèrera à Kymlicka 1997.

en faveur de droits spécifiques censés accommoder les minorités culturelles de telle manière que ces dernières soient véritablement traitées selon les exigences posées par les principes fondamentaux du libéralisme. Pour résumer, disons que Kymlicka prétend que des droits spécifiques sont nécessaires pour que les différents groupes culturels composant une société donnée soient traités de manière égale et pour que les individus composant ces groupes puissent jouir d'une autonomie véritable.[6]

Kymlicka distingue deux sortes de groupes culturels à même de prétendre à des droits spécifiques. Cette distinction est importante dans la mesure où ces différents groupes ne peuvent exiger les mêmes droits. D'un côté, les minorités nationales, peuvent demander des droits à l'autodétermination *(self-government rights)* et des droits de représentation spéciale *(special representation rights).* D'un autre côté, les groupes polyethniques, issus en grande part de l'immigration, sont destinés à s'intégrer dans les cultures-hôtes respectives, mais ils peuvent néanmoins négocier les termes de leur intégration en demandant un certain nombre de droits spécifiques, les droits polyethniques *(polyethnic rights)*, qui leur permettent de vivre une intégration à la culture majoritaire qui respecte leur identité culturelle particulière. C'est cette dernière catégorie que j'aimerais examiner plus en détails et confronter à l'exigence libérale d'égalité.

6 L'autonomie, dans sa conception libérale, consiste essentiellement en la possibilité, pour un individu donné, de choisir librement sa conception de la vie bonne, de la remettre en question et éventuellement de la rejeter pour une autre. Kymlicka prétend que la culture particulière des individus joue un rôle primordial et irremplaçable dans cette procédure de choix, d'examen et de rejet éventuel. Pour des explications plus détaillées, voir Kymlicka 1995.

La stratégie libérale «classique»

Mais avant cela, il me faut dire quelques mots sur la stratégie «classique» défendue et utilisée par les libéraux pour accommoder les différences et traiter de manière égale les individus présentant ces différences. Cette stratégie est bien connue. Elle est née des affrontements confessionnels qui ont meurtri une grande partie de l'Europe au XVIIe et au XVIIIe siècles. Si je prétends que la religion est importante pour mon développement personnel, pour mon épanouissement en tant qu'individu, il est raisonnable d'admettre qu'il en va certainement de même pour les autres individus, même ceux qui ne partagent pas mes convictions religieuses. La solution consiste alors, pour éviter les conflits, à ne pas prétendre à la présence exclusive d'une religion dans la société, ce qui aurait bien évidemment pour effet de léser les individus qui ne croient pas à cette religion exclusive. On recourt ainsi à une dépolitisation de la religion qui a pour conséquence principale de laisser aux individus l'entière liberté de choisir leur religion, et éventuellement, à la suite d'un examen de conscience, de changer de religion. Ce modèle peut bien évidemment être étendu à d'autres domaines, et tel a été le cas dans nos sociétés modernes. Les libertés civiques fondamentales, notamment, garantissent aux individus la liberté d'opinion, d'expression, de réunion, etc., et mettent ainsi en place les conditions nécessaires à la cohabitation pacifique des différences. Pour résumer, disons que la stratégie libérale classique consiste à assurer la neutralité de l'Etat en ce qui concerne les conceptions de la vie bonne que choisissent de mener les individus. Ainsi, tous les individus se voient garantir une autonomie véritable, puisqu'il peuvent choisir librement leur conception de la vie bonne et éventuellement la remplacer s'ils la trouvent un jour moins attrayante ou convaincante qu'une autre. Ils se voient également garantir un traitement égal, puisque le concept de neutralité a pour but d'empêcher que des individus soient discriminés sur la seule base de la conception de la vie bonne qu'ils ont librement choisie.

Kymlicka et son objection de l' «inégalité des impacts»

C'est la prétention des libéraux à mettre en adéquation les buts qu'ils veulent atteindre avec les moyens qu'ils préconisent que les auteurs du multiculturalisme tels que Will Kymlicka et Charles Taylor mettent sérieusement en doute. Ils pensent que cette stratégie est insuffisante et qu'elle ne remplit l'exigence d'égalité libérale que d'une manière superficielle. Kymlicka, notamment, affirme que des arrangements spéciaux pour traiter les différences culturelles et religieuses sont une question de justice et qu'ils sont nécessaires pour garantir à tous les groupes religieux et culturels, en particulier à ceux qui se trouvent dans une situation minoritaire, un traitement égal. Le cœur de l'argumentation est le suivant: un système de loi uniforme, c'est-à-dire qui est le même pour tous les individus, a des impacts, des conséquences, des effets différents sur les individus selon leurs croyances religieuses et leurs pratiques culturelles. Conclusion de Kymlicka: la prétention libérale à offrir un traitement égal à tous les individus au moyen d'un tel système uniforme est une escroquerie.[7]

Cette objection est-elle valable? Le fait qu'une loi n'a pas le même impact sur tous les individus rend-il cette dernière injuste? Cette inégalité de l'impact d'une loi montre-t-elle une incapacité de cette dernière à traiter les gens comme des êtres égaux? Je partage ici l'avis de Barry, qui répond de manière négative à ces questions. En fait, il est trivial de dire que les lois, quelles qu'elles soient, ont un impact différent sur différents groupes d'individus. Toutes les lois sont susceptibles de réduire les opportunités de certains individus, de les gêner, etc. Barry donne l'exemple de la loi qui pénalise le viol. C'est un fait trivial et accepté de tous qu'une telle loi n'a pas le même impact et ne suscite pas le même enthousiasme selon que l'on se place du point de

7 On trouve cet argument dans Kymlicka 1995. Il est reformulé et examiné par Barry dans Barry 2001 p. 34.

vue d'un violeur ou de la victime potentielle d'un viol. On peut citer un nombre infini d'exemples: les limites de vitesse ne dérangent que les chauffards, les lois anti-corruption dérangent les escrocs mais réjouissent leurs victimes, etc. En d'autres termes, l'objection de Kymlicka selon laquelle l'impact inégal d'une loi sur différents groupes serait le signe d'un traitement inégal de ces mêmes groupes est très faible. De cette inégalité d'impact ne peut découler le caractère injuste d'une loi. Une condition nécessaire[8] pour qu'une loi soit juste est que toutes les personnes qui se trouvent dans une même situation définie par des critères pertinents pour cette loi sont traitées de la même manière, sans discrimination. Imaginons, par exemple, une loi fiscale juste qui taxe les revenus de manière progressive. L'égalité libérale présupposée par un tel impôt ne veut pas dire que tout le monde va payer la même somme: les hauts revenus vont apporter une contribution plus importante que les bas revenus. Par contre, deux personnes qui partagent la même situation fiscale, définie en termes de revenus, fortunes, situation sociale, devraient supporter la même charge fiscale. Une situation contraire serait le signe d'une grave injustice.

Il semble donc que la conception libérale classique reste la meilleure pour traiter les individus de manière égale. En tout cas, l'objection que nous venons d'examiner ne la remet pas en question de manière convaincante. Contrairement à ce qu'affirme Kymlicka, le modèle libéral classique a fait ses preuves pour l'accommodation des différences. Il a d'ailleurs été mis sur pied pour résoudre des problèmes découlant de l'affrontement de différentes religions, et ce avec un succès certain. Kymlicka a donc tort, comme le souligne Barry,[9] d'affirmer que le modèle classique doit être mis à jour pour être à même de régler les rapports entre les groupes culturels, ethniques, etc. On a

8 C'est une condition nécessaire, mais pas suffisante.

9 Barry 2001, p.21.

l'impression, en lisant Kymlicka, que le modèle libéral classique aurait été valable un temps, alors que les sociétés étaient beaucoup plus homogènes que celles que nous connaissons aujourd'hui. Mais le modèle libéral classique a précisément été mis sur pied pour traiter les problèmes soulevés par le caractère de plus en plus hétérogène de la société! Et il faut avouer qu'il a été efficace dans cette tâche. Cela ne veut évidemment pas dire qu'il n'est pas nécessaire de le réinterpréter au vu de nouveaux problèmes qui surgissent, mais Kymlicka n'apporte assurément pas des solutions pertinentes à ce niveau.

L'exemple des Sikhs: illustration d'une approche pragmatique

Pour le moment, mes considérations sont restées très abstraites. Pour les illustrer et les mettre en perspective, je vais maintenant examiner un des exemples, devenus célèbres, utilisés par Kymlicka pour argumenter en faveur de droits spécifiques.

L'exemple le plus connu est celui des Sikhs. Selon Kymlicka, il est juste d'accorder aux Sikhs une dérogation à l'obligation de porter un casque de protection pour rouler à motocyclette, afin qu'ils puissent porter leur turban. Ce dernier est un élément important de l'identité culturelle et religieuse des Sikhs et il s'avère malheureusement que le port d'un turban est incompatible avec le port d'un casque de protection. Afin de permettre une intégration des Sikhs dans nos communautés occidentales qui soient respectueuse de leur identité culturelle et religieuse, Kymlicka prétend qu'il faut les exempter du port du casque.

Or, les considérations que j'ai présentées plus haut constituent une objection très puissante contre la revendication de Kymlicka. Il est clair que la loi qui rend le port du casque obligatoire n'a pas le même impact, le même effet sur tous les individus concernés. Comme nous venons de le voir, les Sikhs souffrent de l'incompatibilité entre le port obligatoire d'un casque de protection et le port de leur turban, chargé d'une signification religieuse, incompatibilité que ne connaissent pas les Musulmans, par exemple. Cependant, comme nous l'avons vu, ce fait incontestable n'est pas une objection forte contre une législation, en tout cas pas contre son caractère juste présumé. Mais essayons d'étayer notre argumentation avec de nouvelles considérations.

Pour Barry, le cas est clair: la loi obligeant le port obligatoire d'un casque de protection n'est pas une atteinte à l'intégrité religieuse des Sikhs. Son argumentation se présente de la manière suivante. S'il est vrai que le turban est un symbole religieux auquel les Sikhs accordent une grande importance, on ne peut pas en dire autant de la circulation en motocyclette. Il n'existe aucune prescription de caractère religieux qui oblige les Sikhs à rouler à motocyclette. Autrement dit, la loi qui oblige les motards de porter un casque de protection et qui pose incontestablement problème aux Sikhs désireux d'utiliser ce véhicule n'est pas une atteinte à l'identité religieuse ou culturelle des Sikhs, comme le serait par exemple une loi qui interdirait explicitement le port du turban dans l'espace public, dans le seul but d'éviter que la religion des Sikhs se répande. La loi ne veut pas interdire le turban en tant que tel. Elle veut simplement obliger les motards à porter un casque, et ce pour une raison de sécurité qui n'a rien à voir avec la religion. La question de savoir si la raison invoquée, la sécurité, est une bonne raison ou pas constitue une question indépendante.[10] Le fait que le port du turban n'est pas compatible avec le port d'un casque de sécurité ne veut pas dire que la loi est une attaque contre l'intégrité religieuse des Sikhs. La loi n'interdit pas aux Sikhs de rouler à motocyclette, elle exige simplement qu'ils portent le casque com-

10 C'est une question indépendante, mais qui n'est pas sans importance, comme nous le verrons par la suite. Elle joue notamment un rôle de choix dans la recherche d'une solution pragmatique aux incompatibilités telles que celles décrites dans l'exemple des Sikhs.

me n'importe quel autre motard, indépendamment de leur religion. Le critère pertinent étant la sécurité, cette loi, dans un respect de l'esprit libéral se refuse à considérer la religion des motards comme étant un critère pertinent. En fait, faire des distinction entre les motards par rapport à leur religion reviendrait justement à faire de cette dernière un critère discriminatoire inacceptable.

Pour bien comprendre qu'il n'y a pas, dans ce cas, d'atteinte à l'intégrité religieuse et culturelle des Sikhs, il faut distinguer entre les deux situations suivantes:

> (S1) Une loi a la teneur suivante: «Il est interdit aux Sikhs de circuler sur les routes nationales en motocyclette.» Elle réduit de manière significative les opportunités des Sikhs par rapport aux autres individus qui appartiennent à une autre religion, à une autre culture;
>
> (S2) Une loi a la teneur suivante: «Toute personne conduisant une motocyclette doit porter un casque de protection». Il se trouve que les Sikhs accordent beaucoup d'importance au port du turban, qui a pour eux une signification religieuse, mais qui est incompatible avec le port du casque de protection obligatoire. S'ils veulent respecter fidèlement leur coutume, les Sikhs devront renoncer à rouler à motocyclette. Leurs opportunités se trouvent donc réduites par rapport aux individus membres d'autres religions, d'autres cultures.

Dans les deux situations, les individus ou les groupes d'individus vivent une limitation de leurs opportunités et, dans les deux situations, cette limitation de leurs opportunités découle d'une incompatibilité entre une loi et son identité religieuse ou culturelle. Mais il existe une différence fondamentale entre les situations (S1) et (S2), différence qui a une importance primordiale.

Dans le cas de la situation (S1), nous nous trouvons en face d'une discrimination injuste et manifeste, dans la mesure où les individus concernés, appartenant aux groupes des Sikhs, sont victimes, par rapport aux individus non Sikhs, d'un traitement inégal: ils voient leurs opportunités limitées de manière discriminatoire, sur la base non pertinente de leur appartenance à une religion ou à une culture donnée. Indépendamment de leurs choix, les Sikhs se trouvent, dans une telle situation, devant un nombre plus réduit d'opportunités que les individus qui n'appartiennent pas au groupe des Sikhs.

Dans la situation (S2) par contre, les opportunités qui se présentent à tous les individus sont les mêmes, qu'ils soient Sikhs ou non. Indépendamment de leur religion ou de leur appartenance culturelle, toutes les personnes se voient légalement obligées de porter un casque de protection lorsqu'elles conduisent une motocyclette. Il se trouve que l'on ne peut pas concilier le port de ce casque avec celui d'un turban. Les Sikhs qui choisissent de ne pas se départir de leur turban ne peuvent donc pas conduire une motocyclette, étant donné qu'une telle activité exige le port d'un casque. On pourrait bien sûr dire que les Sikhs n'ont alors pas les mêmes opportunités que les non Sikhs, mais ce serait dans un sens tout autre que dans la situation injuste (S1). Dans le cas de (S2), ce sont les individus eux-mêmes qui, par les choix qu'ils font, utilisent des opportunités et en rejettent ainsi fatalement d'autres, qui restent disponibles pour les individus qui n'ont pas fait les mêmes choix. En fait, la plupart des choix que l'on fait ont une telle conséquence. Si je décide d'adopter une alimentation végétarienne parce que je suis convaincu par les arguments de Peter Singer, je n'ai plus, en un sens, l'opportunité de manger de la viande. Mais il est nécessaire, pour clarifier la discussion, d'introduire une distinction entre *avoir* une opportunité et *utiliser*, *saisir* une opportunité. Dans la situation (S2), tout le monde sans exception, même les Sikhs, ont la possibilité de faire de la moto en portant le casque de protection obligatoire. Tout le monde *a* la même opportunité, ce qui n'est pas le cas dans la situation (S1). Par contre, il dépend des individus d'*utiliser* ou non cette opportunité qu'ils ont tous de manière égale, en conformité avec les choix qu'ils font et qu'ils ont déjà faits dans leur vie.

Ce que je dis peut sembler vraiment trivial – et j'espère que tout le monde partage ce sentiment – mais c'est précisément cette évidence que Kymlicka oublie en affirmant qu'il y a une discrimination des Sikhs dans la situation (S2), dans le sens d'une inégalité de traitement par rapport aux opportunités qui se présentent aux individus.

J'aimerais maintenant, pour apporter une conclusion provisoire et non exhaustive de cet examen des droits spécifiques d'exemption, faire l'inventaire de quelques-uns des aspects les plus importants et les plus pertinents à garder en tête pour régler le genre de problèmes tels que ceux que nous venons d'examiner. Comme il apparaîtra de manière évidente dans la suite, je me range du côté de Brian Barry en proposant une approche éminemment pragmatique de ces problèmes. Cela ne veut pas dire qu'une approche ne s'appuie sur aucune base normative. Au contraire, elle semble être la plus à même de permettre une interprétation de l'idéal libéral de traitement égal des individus et sa concrétisation dans la résolution des problèmes qui nous occupent dans les meilleures conditions possibles. Il est à noter qu'une telle approche n'exclut pas d'emblée et par principe le recourt à l'exemption légale. Mais, contrairement à ce que voudrait faire croire Kymlicka, cette solution ne se présente pas comme une panacée, mais comme le résultat éventuel d'une délibération entre plusieurs revendications.

Comme la résolution de ces problèmes est très complexe, je me bornerai à donner quelques pistes possibles devant mener de manière pragmatique à une solution juste. Je vais reprendre l'exemple des Sikhs pour illustrer mes propos. Voici donc ces pistes ou ébauches de solutions:

1) Le groupe qui se sent lésé tente de réinterpréter ses traditions et ses coutumes pour qu'elles s'accordent avec la législation du pays. Les Sikhs peuvent, par exemple, considérer que les considérations de sécurité sur lequel se base l'obligation du port d'un casque de protection sont pertinentes et importantes et déroger au port du turban lors de la conduite d'une motocyclette.
2) Le groupe campe sur ses positions quant à l'inviolabilité de la règle qui entre en conflit avec la loi générale et renonce à certaines opportunités qui restent ouvertes à d'autres individus n'appartenant pas à ce groupe. Dans le cadre de l'exemple des Sikhs, cela signifierait qu'ils renoncent à utiliser une motocyclette et peuvent ainsi sans problème garder leur turban.[11]
3) Une troisième solution acceptable consisterait à inventer un casque d'un genre nouveau, offrant la même protection qu'un casque de protection classique, que les autorités devraient en toute bonne foi homologuer, offrant ainsi aux Sikhs la possibilité de rouler à motocyclette en règle tout en restant fidèles au port du turban.
4) Une quatrième solution s'attaquerait à la justification même de la loi de laquelle certains groupes cherchent à être exemptés. Dans l'exemple des Sikhs, ce serait une remise en question de l'appel à la sécurité. On pourrait par exemple argumenter en disant qu'il s'agit d'une loi paternaliste et que l'Etat devrait se borner à informer les citoyens que rouler à motocyclette sans casque est une entreprise périlleuse et à recommander avec insistance le port du casque sur ces bases. Cela mènerait à la disparition de la loi qui pose problème, devant une argumentation solide qui montrerait qu'elle n'est pas nécessaire où qu'elle porte les ingérences de l'Etat libéral hors de ses limites acceptables. Un problème évident de

11 Il est à noter que ces deux premières solutions ne posent pas de problèmes particuliers au niveaux politique et juridique. Elles constituent simplement deux stratégies d'adaptation du groupe concerné lui-même, contrairement aux solution 3) et 4) qui exigent des revendications politiques.

cette option, dans l'exemple particulier qui nous occupe, est l'augmentation des coûts de la santé occasionnée par la gravité des accidents survenant sans casque.[12] La meilleure solution consiste à faire payer aux Sikhs qui désirent rouler à motocyclette sans casque de protection des primes d'assurance plus élevées, pour compenser le risque supplémentaire facteur de coûts. Ainsi, chacun doit prendre ses responsabilités et les assumer.

Comme nous pouvons le voir da ns l'échantillon non exhaustif cidessus, les solutions possibles ne manquent pas, sans très souvent que l'on soit obligé d'accorder à un groupe donné l'exemption d'obéir à une loi problématique. Bien sûr, une telle approche pragmatique n'est pas aussi simple et élégante que la solution des droits spécifiques défendu par Kymlicka, mais cela ne peut pas être considéré comme un argument suffisant. Il est souvent très difficile de trouver la solution qui convient et qui garantit que l'impartialité et l'égalité de traitement entre les individus sont respectées.

Il est à noter que l'approche pragmatique que je défends à la suite de Barry n'exclut pas par principe le recours à l'exemption légale. Il était clair, dans l'exemple des Sikhs que nous avons examiné, tel qu'il était présenté, que Kymlicka criait à la discrimination religieuse alors qu'il n'y en avait pas et apportait une solution manifestement inadaptée et indéfendable. Le problème devrait par contre être considéré de manière tout à fait différente si rouler à motocyclette était pour les Sikhs une obligation religieuse ou, exemple plus vraisemblable, si l'impossibilité d'utiliser ce mode de transport avec pour eux des répercussions

12 Barry cherche à montrer de manière particulièrement caustique que le souci pour l'augmentation des coûts de la santé devrait au contraire mener à une interdiction du casque! Selon lui, les accidents survenant sans casque n'impliquent, vu leur gravité habituelle, que le prix du transport à la morgue, alors que les personnes qui meurent de causes naturelles occasionnent souvent des soins très coûteux avant leur décès. En fait, pour lui, l'argument des coûts de la santé cache des motifs paternalistes inavoués (Barry 2001, pp. 47–48).

sévères en ce qui concerne leurs opportunités sur le marché du travail. De telles situations pourraient exiger, *faute d'une solution plus adaptée*, le recours à une exemption du port du casque, mais elles restent rares. Par conséquent, la solution de l'exemption est vraiment loin d'être la solution miracle, contrairement à ce qu'affirment ses défenseurs.

Iris Marion Young: un autre exemple d'une étrange conception de l'égalité

Dans la partie précédente, j'ai évoqué quelques problèmes sérieux soulevés par certaines thèses multiculturalistes, en ce qui concerne avant tout leur prétention égalitariste. Nous avons vu, en particulier, que la revendication de Kymlicka en faveur d'exemptions légales au nom d'un idéal plus profond de l'égalité libérale reposait sur une conception fondamentalement erronée de cette dernière.

Kymlicka n'est évidemment pas le seul à défendre de telles erreurs et les argumentations qui les sous-tendent. Afin d'apporter une illustration supplémentaire de cette conception erronée de l'égalité, j'aimerais évoquer maintenant certaines conceptions de Iris Marion Young.

Dans son ouvrage *Justice and the Politics of Difference*, Iris Marion Young présente une conception de l'égalité des résultats appliquée aux groupes, conception assortie, comme celle de Kymlicka, d'un traitement différentié des individus et des groupes qu'ils composent:

> L'égalité, définie comme la participation et l'inclusion de tous les groupes dans les institutions et les fonctions, est parfois mieux accomplie par un traitement différentiel.[13]

13 «Equality, defined as the participation and inclusion of all groups in institutions and positions, is sometimes better served by differential treatment» (Young 1990, p. 195).

Young demande qu'il existe une représentation proportionnelle des différents groupes dans les places à allouer. Cela veut dire concrètement, pour donner un exemple, que les postes à responsabilité dans les entreprises doivent être distribués également entre les hommes et les femmes. Il est donc clair qu'elle s'inscrit dans la même lignée que Will Kymlicka: tous deux se focalisent de façon quasi-fétichiste sur une égalité de résultats.

Comme nous l'avons vu plus haut dans notre discussion sur Kymlicka, ce n'est pas une telle égalité de résultats que la justice libérale exige, mais une égalité d'opportunités. Je vais rappeler au moyen d'un exemple comment fonctionne l'égalité libérale. Imaginons que soit mises au concours deux places de professeurs de philosophie politique dans une université quelconque. Quels sont les critères à retenir pour attribuer cette place à la bonne personne? On va certainement exiger une formation académique complète en philosophie, un doctorat, peut-être une habilitation, des publications dans les domaines pertinents, etc. Bien entendu, n'importe qui peut postuler pour l'obtention de l'un des deux postes, sans discrimination de sexe, de race, etc. Mais cela ne veut pas dire que n'importe qui peut prétendre décrocher ces postes. Les critères que nous venons d'évoquer – formation académique, doctorat, etc. – ne sont pas simplement là pour noircir du papier. Ils doivent permettre de départager les candidats et d'attribuer, si tout se déroule bien, les places de professeurs aux personnes les plus à même de remplir un mandat de professeur de philosophie politique dans une université. Les critères jouent donc un rôle discriminatoire, mais dans un sens tout à fait acceptable: il s'agit de séparer les candidats aptes des candidats non aptes – et, bien entendu, de donner la préférence aux premiers…

Une telle conception permet d'affirmer que si les personnes chargées de recruter les nouveaux professeurs font leur travail dans l'esprit d'une véritable égalité des chances libérale et en se focalisant uniquement sur les critères pertinents, une femme aura autant de chances, à compétences égales, d'être engagée qu'un homme. Mais cela n'implique pas que les personnes engagées seront obligatoirement un homme et une femme respectivement. L'égalité des chances permet très bien l'engagement de deux hommes ou de deux femmes, puisque le sexe n'est pas, jusqu'à preuve du contraire, un critère déterminant pour être un bon professeur.

Cet exemple montre bien, je l'espère, les différences qui séparent l'égalité libérale «classique», basée sur une égalité des chances bien comprise, et la conception de Iris Marion Young. J'espère également que mon exemple montre bien à quel point la conception de l'égalité de Young, qui appelle à une représentation proportionnelle des groupes, est absurde.[14] Une telle conception repose sur la même idée boiteuse de l'égalité que celle qui motive les revendications de Kymlicka en faveur de certains droits spécifiques liés à l'appartenance des individus à un groupe donné: l'égalité des résultats. En fait, ce qu'il faut bien comprendre, c'est qu'il est inévitable que des individus ne soient pas contents ou pas d'accord avec la distribution de certains avantages et désavantages. Mais cela ne veut pas dire que tous les désavantages sont injustes. Des thèses telles que celles de Kymlicka et de Young refusent cette évidence en se basant sur une conception absurde de l'égalité. Il me paraît par conséquent urgent que les auteurs multiculturalistes répondent aux objections qui leur sont faites et révisent leur théorie pour revenir à une conception véritable de l'égalité de traitement de tous les individus.

14 Je ne parlerai même pas ici de la difficulté de définir ces groupes et de choisir lesquels sont pertinents dans une situation donnée.

Le multiculturalisme cache-t-il les vraies inégalités?

Je viens de mettre en évidence quelques problèmes internes importants au sein de diverses argumentations en faveur des thèses multiculturalistes et des politiques centrées sur les différences. J'aimerais, dans les lignes qui suivent, évoquer brièvement un autre problème posé par ces thèses, problème qui touche également à des questions d'égalité. Nous venons de voir que les politiques multiculturelles ne se basaient pas sur une version crédible de l'égalité libérale. Mais il y a pire: de telles politiques constituent de véritables obstacles à la mise en place de politiques égalitaires efficaces.

Le problème vient du fait que les revendications formulées dans le cadre d'une approche multiculturaliste sont des revendications de groupes, même si des auteurs comme Kymlicka prétendent se focaliser, par souci de compatibilité libérale, sur les intérêts des individus. Or, la question de la délimitation de ces groupes est importante, dans la mesure où ces derniers peuvent être plus ou moins homogènes et comprendre des individus plus ou moins différentiés.

Cela ne va pas sans poser des problèmes dans le cadre de politiques redistributives. Barry en donne un exemple convaincant en évoquant les mesures prises pour améliorer les conditions de certains ghettos noirs situés à l'intérieur des villes américaines.[15] Il est indiscutable que ces ghettos noirs sont des foyers de pauvreté extrême et qu'il est justifié d'investir des moyens importants pour enrayer cette misère endémique. Mais le fait de se concentrer sur les seuls Américains noirs n'est pas pertinent, surtout depuis que des Américains blancs autant pauvres qu'eux les ont rejoints et les ont même dépassés en nombre dans ces ghettos:

> Le fait de concentrer les ressources exclusivement sur les ghettos noirs de l'intérieur des villes serait par conséquent une politique

15 Voir Barry 2001, p. 114.

> sous-inclusive parce qu'elle laisserait de côté d'autres individus souffrant de privations similaires.[16]

Cet exemple montre bien, je pense, comment les politiques multiculturalistes peuvent empêcher la résorption d'inégalités flagrantes, en n'incluant pas au nombre de leurs bénéficiaires des personnes nécessiteuses qui n'ont pas la chance d'appartenir à la «bonne» culture ou à la «bonne» ethnie. Mais les politiques multiculturalistes peuvent également présenter le problème inverse et être trop inclusives, en particulier quand elles visent à améliorer les conditions de vie d'un groupe qui est *en moyenne* désavantagé par rapport au reste de la population, mais dont certains membres s'en sortent très bien, voire mieux que la moyenne de la population.[17]

En résumé, le risque est grand que les politiques multiculturalistes, qui sont basées sur des revendications de groupes, soient trop inclusives, ou pas assez inclusives. Elles empêchent donc des processus de redistribution bien ciblés et efficaces.

Le problème posé par les politiques multiculturalistes est qu'elles accordent une importance beaucoup trop grande à la culture et occultent ainsi d'autres problèmes d'inégalités beaucoup plus aigus.[18] Nous sommes en fait en face d'une politisation à outrance de la culture et cette approche peine à résoudre les problèmes d'inégalités les plus marqués, en plus d'être la source d'autres inégalités potentielles.[19]

16 «Concentrating resources exclusively on the inner-city black ghettoes would thus be an under-inclusive policy because it would leave out others suffering from similar deprivations» (Barry 2001, p. 114).

17 Voir Barry 2001, p. 115.

18 Sur cette importance démesurée accordée aux problématiques de nature culturelle, voir notamment Appiah 1997 et Loewe (à paraître, voir bibliographie).

19 Susan George émet un avis semblable (George 2000: pp. 150–155). Selon elle, la focalisation faite par les «politiques identitaires» empêche une solidarité rendant possible une politique sociale distributive efficace.

Il est à mon avis urgent que les politiciens et les philosophes politiques ne laissent pas les revendications multiculturalistes à la mode faire écran à des problèmes de nature non culturelle, mais qui n'en demande pas moins des solutions urgentes, au nom d'une justice et d'une égalité bien comprises. Il faut avant tout voir où sont les véritables problèmes, où se situent les vraies inégalités, même cachées, quelles sont leurs origines, et riposter au moyen de mesures efficaces et bien ciblées, au nom d'un traitement véritablement égal des individus.

En guise de conclusion: philosophie politique, multiculturalisme et «politiquement correct»

J'ai tenté de montrer, dans les pages qui précèdent, que le multiculturalisme et les revendications en faveur de droits spécifiques qui lui sont associées posent des problèmes qui ne permettent pas à ce dernier de remplir les exigences de traitement égal exigé par le libéralisme. J'ai en particulier essayé, au moyen de quelques exemples, de montrer que de nombreuses revendications multiculturalistes, en tout cas celles qui jouissent le plus de l'engouement de divers milieux, se basent sur une conception de l'égalité qui n'est pas, malgré leurs prétentions, plus pertinente et plus profonde que l'égalité libérale classique.

Les défenseurs des théories multiculturalistes présentes et futures auront à mon avis encore beaucoup de travail à fournir pour espérer réconcilier leurs thèses avec les principes de base du libéralisme, au nombre desquels se trouve en bonne place l'égalité de traitement. Mais c'est en termes d'autocritique surtout, à mon sens, que le bât blesse. Un philosophe comme Kymlicka semble avoir quelques réticences à répondre aux nombreuses objections qui lui sont adressées. Je veux pour preuve son dernier ouvrage, *Politics in the Vernacular*, dans lequel on ne trouve, entre autres, aucune réponse aux arguments récents de Brian Barry[20] qui constituent des attaques dévastatrices sérieuses contre les thèses multiculturalistes du philosophe canadien et, notamment, de Iris Marion Young, Bikuh Parekh, Charles Taylor, etc. Ce sont des attaques auxquelles des réponses urgentes et détaillées doivent être apportées, si le multiculturalisme veut survivre comme alternative au libéralisme «classique». Toute théorie en philosophie politique se doit de répondre aux critiques et de se prêter au jeu de l'argumentation rationnelle.

Quelques signes inquiétants, au nombre desquels se trouvent les reproches que je viens d'adresser à Kymlicka, pourraient laisser penser que le multiculturalisme passe peu à peu du statut de théorie philosophique, ouverte à l'examen rationnel et à des révisions éventuelles, au statut de théorie populaire «politiquement correcte», avec laquelle certains de ses défenseurs – qui ne sont pas majoritairement, il est vrai, des philosophes politiques – ont une relation qui n'est pas toujours rationnelle et philosophique.

Je viens d'utiliser le qualificatif «politiquement correct» et il me semble en effet que la popularité des thèses multiculturalistes n'est

20 On pourrait bien sûr rétorquer que Kymlicka n'avait pas encore lu le livre de Barry, les deux livres étant sortis à peu près en même temps, et me rappeler que *Politics in the Vernacular* n'est qu'une collection d'articles, de conférences et d'autres textes plus ou moins anciens qui ne rendent pas forcément compte de manière adéquate des derniers développements de la théorie de Kymlicka. A ces deux objections, on peut répondre ceci. Kymlicka adresse ses remerciement à de nombreuses personnes pour leurs commentaires détaillés et les discussions dont il a bénéficié. Au nombre de ces personnes: Brian Barry. Quant à la deuxième objection, disons qu'elle a une validité réduite une fois qu'on a lu l'introduction du livre (Kymlicka 2001: pp. 1–13), composée récemment, qui ne montre aucun revirement notable dans la position de Kymlicka.

pas étrangère à cette tendance. Le multiculturalisme séduit de nombreuses personnes soucieuses de se définir comme tolérantes, sans qu'elles aient toujours une idée précise de ce que signifie «être tolérant» et de la manière la plus pertinente de donner une incarnation politique concrète et juste à la tolérance dans la société nous vivons.

La peur du choc des civilisation annoncé dramatiquement par Samuel Huntington[21] pousse vraisemblablement quelques-uns à être séduit par une espèce de mélange de relativisme et de diversité sans substance célébré de manière euphorique. Cette solution apporte une solution discutable au problème de la cohabitation des différentes cultures, en adoptant une stratégie de l'évitement. L'affrontement nécessaire, légitime, voire bénéfique découlant des revendications et des positions en concurrence de différents individus et groupes en présence est soigneusement esquivé, au profit d'un cosmopolitisme de bon teint et d'une prétendue ouverture aux cultures du monde, dont la pertinence et la justesse reste encore à prouver. Cette attitude multiculturaliste a des effets secondaires qu'il ne faut négliger et qui devraient mener à sa remise en question fondamentale. Nous avons déjà vu en détail dans les pages précédentes quelques-unes de ces conséquences dommageables.[22] Mais il y en a d'autres, qui constituent des dérives particulièrement inquiétantes. Dans son ouvrage sur le multiculturalisme,[23] Arthur Schlesinger donne quelques exemples extrêmes, mais bien réels de ces dérives. Il évoque notamment les ravages que provoquent les idées multiculturalistes dans la constitution des programmes d'histoire dans les écoles américaines. Ces programmes sont établis selon l'argumentation suivante: l'histoire

21 Voir Huntington 1997.

22 Je pense notamment aux obstacles que sont les politiques multiculturalistes pour une politique sociale de redistribution efficace et pertinente (voir ci-dessus: «Le multiculturalisme cache-t-il les vraies inégalités?».

23 Schlesinger 1998.

jouant un rôle important pour l'estime qu'un groupe a de lui-même, il faut bannir de l'enseignement tout ce qui est susceptible de heurter la sensibilité du groupe en question. Deux questions se posent. La première: n'exagère-t-on pas le rôle joué par le programme d'histoire sur l'estime que les personnes et les peuples ont d'eux-mêmes? La deuxième: l'enseignement de l'histoire a-t-il pour vocation de donner aux différents groupes culturels, religieux et ethniques une image d'eux qui soit séduisante ou a-t-il pour but de rapporter et d'analyser le plus fidèlement possible, avec un souci d'exactitude scientifique, de ce qui s'est passé à une époque donnée? La dernière solution me paraît évidemment être la meilleure.

On peut se poser d'autres questions encore: des politiques multiculturalistes semblables à celles que nous avons rencontrées dans les pages précédentes donnent-t-elles aux habitants d'un pays une recette de vie commune animée par des idéaux d'égalité et de justice ou mènent-elles plutôt à un cloisonnement, à un renfermement des groupes sur eux-mêmes, qu'il s'agisse de groupes ethniques, religieux ou culturels? Il semble qu'une focalisation exagérée sur la culture, la race, etc., mène à une sensibilité exacerbée des différents groupes qui doivent cohabiter et, partant, peut difficilement être à la base de l'organisation d'une vie commune harmonieuse.

Il est bien sûr important de dire que c'est avant tout l'homme de la rue, du citoyen au politicien, qui est le plus souvent séduit par les sirènes du «politiquement correct». Mais si l'on voit avec inquiétude la popularité dont jouissent les thèses multiculturalistes devant un tel public, il est encore plus inquiétant et surprenant de voir un tel engouement menacer d'atteindre les sphères de la philosophie politique. Il semblerait heureusement que les adversaires du multiculturalisme commencent à se réveiller et à fourbir leurs armes argumentatives. Le consensus dont parle Kymlicka serait illusoire à en croire Barry qui, avec quelque méchanceté mais avec une certaine pertinence, affirme que si le philosophe canadien croit à l'émergence d'un tel consensus, ce n'est que parce que les philosophes politiques libéraux sérieux se sont abstenus jusqu'à maintenant d'écrire sur le sujet:

> Ce qui est vrai, c'est que ceux qui écrivent en fait sur le sujet le font, pour la plupart, en partant de quelque position multiculturaliste. Mais c'est un fait que ceux qui ne défendent pas cette position ont tendance à ne pas écrire sur ce sujet du tout et travaillent à la place sur d'autres questions qu'ils considèrent comme plus dignes d'intérêt. A vrai dire, j'ai trouvé qu'il y avait presque un consensus, parmi ceux qui n'écrivent pas sur ce sujet, pour dire que la littérature du multiculturalisme ne vaut pas la peine que l'on gaspille de la poudre pour tirer dessus.[24]

Il est à souhaiter que la réponse contre les idées multiculturalistes esquissée par Barry soit poursuivie par d'autres, afin qu'un débat rationnel et dépassionné, ait lieu. Ce n'est que sur ce terrain que les philosophes multiculturalistes pourront défendre leurs thèses avec crédibilité. La balle est maintenant dans leur camp.

Monographies et articles cités

Appiah, K. Anthony (1997): «Multicultural Misunderstanding», in *New York Review of Books*, 44, 9 octobre 1997.

Barry, Brian (2001): *Culture and Equality. An Egalitarian Critique of Multiculturalism*, Cambridge (Mass.): Harvard University Press.

24 «What is true is that those who actually write about the subject do so for the most part from some sort of multiculturalist position. But the point is that those who do not take this position tend not to write about it at all but work instead on other questions that they regard as more worthwhile. Indeed, I have found that there is something approaching a consensus among those who do not write about it that the literature of multiculturalism is not worth wasting powder and shot on» (Barry 2001, p. 6).

Bauböck et Rundell (éd.) (1998): *Blurred Boundaries: Migration, Ethnicity, Citizenship*, Aldershot: Ashgate.
George, Susan (2000): *Le rapport Lugano*, Paris: Fayard.
Huntington, Samuel (1997): *The Clash of Civilizations and the Remaking of World Order*, New York: Touchstone Books.
Kymlicka, Will (1989): *Liberalism, Community, and Culture*, Oxford: Clarendon Press.
Kymlicka, Will (1995): *Multicultural Citizenship – A Liberal Theory of Minority Rights*, Oxford: Oxford University Press.
Kymlicka, Will (1998): *Finding Our Way: Rethinking Ethnocultural Relations in Canada*, Oxford: Oxford University Press.
Kymlicka, Will (2001): *Politics in the Vernacular: Nationalism, Multiculturalism and Citizenship*,
Loewe, Daniel (à paraître): «Un nouveau communautarisme culturel?», in Merle, J.-C., Niquille, J., Schumacher, B. N. (à paraître).
Merle, Jean-Christophe, Niquille, Jérôme et Schumacher, Bernard N. (éd.) (à paraître): *Figures du communautarisme*, Fontenay / Saint-Cloud: ENS Editions.
Niquille, Jérôme (à paraître): «Aux frontières du libéralisme et du communautarisme: Will Kymlicka et les droits multiculturels», in Merle, J.-C., Niquille, J. et Schumacher, B. N. (à paraître).
Schlesinger, Arthur M., Jr., (^{2}1998): *The Disuniting of America. Reflections on a Multicultural Society*, New York, London: Norton & Company.
Young, Iris Marion (1990): *Justice and the Politics of Difference*, Princeton: Princeton University Press.
Westin, Charles (1998): «Temporal and Spatial Aspects of Multiculturality», in Bauböck et Rundell (1998), pp. 53–84.

Ausgleich statt Anerkennung – Zur Begründung von Sonderrechten für Angehörige kultureller Minderheiten

ALEX SUTTER

Rechtsetzungsprozesse im Bereich des Minderheitenrechts sind eine kontroverse Angelegenheit. Nicht nur führen entgegengesetzte politische Interessen von Staaten und organisierten Minderheitengruppen zu Polarisierung und gegenseitigem Misstrauen, auch die wissenschaftlichen Einschätzungen gehen teilweise weit auseinander. Dies mag unter anderem daran liegen, dass unterschiedliche Disziplinen wie die Rechtswissenschaft, die Sozialwissenschaften und die Philosophie involviert sind. Eine wichtige Aufgabe des philosophischen Ansatzes ist es, eingebürgerte und als selbstverständlich erscheinende Konzepte zu überprüfen, mit neuen wissenschaftlichen Einsichten zu konfrontieren und falls nötig alternative Ideen in die Diskussion einzubringen. Der philosophische Zugang verpflichtet zu kritischer Distanz und zu Inspiration. Dass eine solche Arbeit mit Arroganz und Anmassung verwechselt werden kann, versteht sich von selbst.

Die Diskussion über die Wechselwirkung von Recht und Identitätspolitik hat im deutschsprachigen Raum gerade erst begonnen.[1] Rechtsetzung und Rechtsprechung gehören zu den wichtigsten Handlungsfeldern, in denen sich praktisch zeigt, wie ein Gemeinwesen mit

1 Für die amerikanische Diskussion anfangs der Neunzigerjahre vgl. Danielsen and Engle (1995). Leider konnte ich die Abhandlung von Gabriele Britz (2000) wie andere neuere Literatur im vorliegenden Artikel nicht mehr berücksichtigen, da ich den vorliegenden Text bereits im Sommer 2000 geschrieben habe.

Ansprüchen umgeht, die sich auf ein kulturelles Anders-Sein berufen. Bis weit in die Sozial- und Rechtswissenschaften hinein sind heute Diskurse populär und dominant geworden, welche die zweifellos vorhandenen kulturellen Unterschiede in den Bevölkerungen moderner Staaten unter dem Titel unterschiedlicher «Gruppenidentitäten» thematisieren. Gerade in der Theorie kultureller Minderheitenrechte sind so genannte «kollektive Identitäten» oft ein wenig problematisierter Bezugspunkt. Im Folgenden möchte ich exemplarisch zeigen, wie kulturell begründete Rechtsansprüche auf Minderheitenidentitäten bezogen werden, weshalb diese Verknüpfung theoretisch und politisch unannehmbar ist und wodurch sie möglicherweise zu ersetzen wäre. Es ist meine Absicht, einen entscheidenden Schwachpunkt im vorherrschenden Modell der Konzeptualisierung von Minderheitenrechten aufzuzeigen und ein alternatives Modell zu skizzieren.

Kulturell bedingte Grundrechtskonflikte

Eine kürzlich erschienene Monographie von Walter Kälin[2] gibt einen ausgezeichneten Einblick in die Bearbeitung von kulturell begründeten Minderheiten-Ansprüchen im Rahmen liberaler Rechtssysteme. Ausgangspunkt bildet die Tatsache, dass in westlichen Einwanderungsgesellschaften die verfassungsmässig garantierten Grundrechte – insbesondere die Religionsfreiheit – nach wie vor das wichtigste rechtliche Instrument ausmachen, um spezifische kulturelle Anliegen von eingewanderten Minderheiten im Konfliktfall möglicherweise durchsetzen zu können.

2 Vgl. Kälin (2000).

Kälin bewegt sich in seiner umfassenden Darstellung auf drei Ebenen: Zum einen beschreibt er eine grosse Auswahl von kulturell gefärbten Grundrechtsfällen aus der Schweiz, Deutschland, den USA u. a. Gleichzeitig ordnet und interpretiert er diese Grundrechtsfälle im Rahmen einer eigenen Systematik, die es ihm erlaubt, auch dort, wo in den Gerichtsentscheiden offensichtliche Dissonanzen auftreten, zu kohärenten Kommentaren zu gelangen. Und drittens analysiert und gewichtet er die teilweise widerstreitenden Doktrinen und Theorien, welche den Entscheiden zugrunde gelegt werden, um schliesslich eine eigene Maxime zu formulieren.

Ein Grundrechtskonflikt ist in der Terminologie von Kälin dann «kulturell bedingt», wenn sich wenigstens eine der involvierten Parteien auf kulturelle Werte oder Praktiken bezieht, um ein Recht auf Anderssein zu begründen oder zu bestreiten.[3] Diese Voraussetzung verweist auf den grundrechtlichen Zugang: Grundrechte wie die Religionsfreiheit schützen nicht «Kulturen», sondern im besten Falle Individuen, die selbst definieren, was ihre «kulturelle Identität» ausmacht.[4]

Im deskriptiv-systematischen Teil seiner Darstellung unterscheidet Kälin die staatliche, die öffentliche und die private Sphäre, welche die Problemlagen für kulturelle Grundrechtskonflikte unterschiedlich vorstrukturieren. Im Bereich der staatlichen Sphäre,[5] wo Personen dem direkten Zugriff der Staatsmacht ausgesetzt sind, geht es hauptsächlich um Rechtsgleichheit, das heisst um das Verbot der Diskriminierung von Angehörigen kultureller Minderheiten und den Genuss der gleichen kulturellen Rechte, die den Angehörigen der Mehrheit zugestanden werden. Auf überzeugende Weise überträgt

3 A. a. O., S. 25.

4 A. a. O., S. 28. Weil «Kultur» oder «Ethnizität» als solche grundrechtlich nicht geschützt sind, werden Ansprüche, die darauf bezogen sind, meistens unter dem Grundrecht der Religionsfreiheit ins Spiel gebracht. Vgl. a. a. O., S. 30.

5 A. a. O., S. 97 ff.

Kälin das aus der Geschlechter-Gleichstellungsdiskussion bekannte Konzept der indirekten Diskriminierung auf die verwandte Problemlage. Wenn in einer staatlich kontrollierten Lebenssituation, wie dem Militärdienst, alle denselben Regeln unterworfen werden, so kann das unter Umständen für Angehörige kultureller Minderheiten eine starke Benachteiligung bedeuten, zum Beispiel in Fällen, wo die militärische Vorschrift selbst im Widerspruch zu einer bestimmten religiösen Vorschrift der Minderheit steht. Als gerechte Lösungsansätze bieten sich Ausnahmeregelungen an, bisweilen auch der Anspruch auf besondere staatliche Leistungen, wie beispielsweise einen speziellen Menuplan für die Angehörigen einer Minderheit.

Im Privatbereich[6] sind staatliche Eingriffe normalerweise verboten. Allerdings hat auch die in liberalen Gesellschaften gut verankerte Toleranz ihre Grenzen. Die Herausforderung, diese Grenzen präzise zu bestimmen, meistert Kälin, indem er die menschenrechtliche Theorie der staatlichen Schutzpflichten im Bereich der Familie und der Privatsphäre heranzieht und in einer Liste von präzisen Kriterien für staatliche Eingriffe konkretisiert. Dazu gehören unter anderem völkerrechtliche Normen wie das Verbot der Zwangsheirat, Werte wie der Schutz des Kindswohls oder der rechtlich verbindliche Kanon des *ordre public* etc.[7]

Am meisten Schwierigkeiten bietet die Analyse der öffentlichen Sphäre.[8] Darunter fällt der Schulbereich ebenso wie die Arbeitswelt. Hier steht das Abwägen zwischen den Interessen der strukturellen Integration und der kulturellen Autonomie von Migranten/-innen zur Debatte. Ausnahmeregelungen und Dispensationen sind als Resultat der Güterabwägung ebenso möglich wie Verbote und andere Beschränkungen der kulturellen Freiheit. So stellt sich Kälin hinter

6 A. a. O., S. 181 ff.
7 A. a. O., S. 215 f.
8 A. a. O., S. 133 ff.

kanadische und englische Gerichtsurteile, welche entschieden haben, dass «auch ein Sikh mit einem Turban ein erfolgreicher Polizist oder ein guter Bauarbeiter sein kann».[9] Gleichzeitig bejaht er aber auch das Urteil des Schweizer Bundesgerichts, welches einer Genfer muslimischen Lehrerin verboten hat, während des Unterrichts ein Kopftuch zu tragen, und zwar mit der Begründung, in diesem Falle werde die Funktion der Institution Schule beeinträchtigt, die unter anderem darin bestehe, dank der weltanschaulichen Neutralität ihrer Vertreter/-innen den gesellschaftlichen Frieden zu wahren.[10] Doch dieses Argument liesse sich auch auf den turbantragenden Sikh-Bauarbeiter anwenden, wird doch in diesem Falle nicht nur die Funktion der Schadensverhütung beeinträchtigt, sondern auch der soziale Frieden auf den Baustellen. Denn Ausnahmeregelungen von ansonsten streng gehandhabten Vorschriften rufen erfahrungsgemäss Ressentiments bei jenen hervor, die sich solchen Vorschriften zähneknirschend beugen. Umgekehrt ist es nicht besonders spitzfindig, das Argument der Integration durch Arbeit auch auf die muslimische Lehrerin anzuwenden, um für ihren Fall eine Ausnahme von der an sich unbestrittenen weltanschaulichen Neutralität der Institution Schule zu begründen.

Anerkennung, Identität und Integration

Das Beispiel zeigt, dass das Abwägen zwischen den Wertpositionen der kulturellen Freiheit, der Integrationsförderung und des öffentlichen Interesses nicht ohne eine gewisse Willkür geschieht. Die Grundrechtsdogmatik lässt vor allem in bezug auf die öffentliche

9 A.a.O., S. 221.
10 A.a.O., S. 167f., S. 223.

Sphäre von Schule, Arbeits- und Konsumwelt einen nicht unerheblichen weltanschaulichen Spielraum offen, um einen kulturellen Grundrechtskonflikt auf die eine oder andere Art zu entscheiden. Deshalb haben die so genannten «grundrechtspolitischen Konzepte» ein grosses Gewicht, beziehen die Rechtsprechenden aus ihnen doch das argumentative Instrumentarium, um ihre Entscheide zu begründen. Kälin unterscheidet in seiner Analyse folgende «Grundrechtspolitiken» als einander teilweise ausschliessende, teilweise ergänzende: die Politik der Neutralität, die Politik der Mehrheits-Identität, die Politik des Minderheitenschutzes, die Politik der Anerkennung und die Politik des Multikulturalismus.[11]

Das von Kälin implizit geförderte Konzept ist die *Anerkennung von kulturellen Minderheitenidentitäten* als Argument zur Durchsetzung individueller Grundrechte.[12] Dabei stützt er sich auf den kommunitaristischen Gedanken, dass die kulturelle Identität für das Individuum wesentlich sei und dass ein Missachten dieser Identität zur persönlichen Desintegration führen könne.[13] Obwohl er das Konzept einer kritischen Diskussion unterzieht, berührt er dessen eigentlichen Schwachpunkt nicht, nämlich die fraglose Analogie von individueller und kollektiver Identität, welche beide im Ausdruck «kulturelle Identität» zusammengeschweisst werden.

Unbestritten ist die Auffassung, dass Individuen ihre Identitäten unter anderem im Kontext eigener Gruppenzugehörigkeiten und kul-

11 Vgl. a. a. O., S. 33–96. Diese Systematik vermag nicht ganz zu überzeugen, unterscheiden sich die drei letztgenannten Konzepte doch eher durch unterschiedliche Akzentsetzungen und methodische Zugänge als durch ihre Inhalte und Zielsetzungen. Zudem ist die tatsächliche Bedeutung der fünf Ansätze in der Grundrechtspraxis höchst unterschiedlich.

12 Vgl. a. a. O., S. 76–82.

13 Vgl. a. a. O., S. 72 f. und S. 229. Darin folgt Kälin einerseits Taylor (1993), bezieht sich aber auch auf die liberalere Variante von Kymlicka (1995). Dass letzterer Bezug nicht gerade einleuchtet, habe ich bereits zu zeigen versucht, vgl. Sutter (2000a, 175 f.).

tureller Lebensgewohnheiten in einem lebenslangen Prozess bilden und verändern.[14] Das Bedürfnis nach Anerkennung jener Dimensionen persönlicher Identität, die sich auf die konkreten Gruppenzugehörigkeiten des Individuums beziehen, ist sozialpsychologisch gesehen eine bekannte Tatsache. Problematisch ist erst die Verselbständigung und Verdinglichung der Gruppenzugehörigkeiten auf der Ebene so genannter «Gruppenidentitäten». Dieser Schritt markiert den Übergang zur Ideologie. Nun erscheint die Gruppe plötzlich als ein personifiziertes Wesen. Die Identität oder Essenz dieses Kollektivsubjekts wird als «Kultur» gefasst. Die so verstandene kulturelle Gruppenidentität hat das magische Vermögen, alle in der Gruppe zusammengefassten Individuen in ihrem Inneren zu formen. Diese determinierende Beziehung zwischen Gruppenidentität und persönlicher Identität wird mit dem Begriff der «kulturellen Identität» zum Ausdruck gebracht.[15]

Was heisst es also, wenn den Angehörigen von Minderheiten ein Anspruch auf Anerkennung ihrer kulturellen Identität zugesprochen wird? Es bedeutet, dass diese Individuen nicht als Individuen mit bestimmten kulturellen Vorlieben, sondern als Verkörperungen einer vorgestellten Kollektivkultur anerkannt werden. Sozialwissenschaftlich gesehen verweist eine solche Verkehrung auf das Bestreben, ein Kollektiv, das an sich fliessende Grenzen hat, gegen aussen dicht zu machen, abzuschliessen. Dies ist die Grundfigur jeder Identitätspolitik, und besonders jener Politiken, welche rhetorisch an

14 Man spricht in diesem Zusammenhang von den «sozialen Identitäten» des Individuums oder auch von «Identifizierungen» von Menschen mit solchen, die sie als «gleichartig» betrachten. Vgl. Wagner (1998, 45).

15 Für eine kritische Analyse vgl. zum Beispiel Wagner (1998, 47 ff.), Straub (1998, 96 ff.) und Baumann (1998, 291 ff.), der die Verdinglichung von «Kultur» in der ausserakademischen Öffentlichkeit als «dominanten Diskurs» reflektiert. Vgl. auch meine schrittweise Dekonstruktion der Ideologie kultureller Identität in Sutter (1998b).

imaginäre Abstammungsgemeinschaften wie Rassen, Nationen, Ethnien oder Clans appellieren.[16]

Leider hat es Kälin versäumt, die in den Neunzigerjahren entstandene breite sozialwissenschaftliche Selbstkritik an Kollektivmythen adäquat zu berücksichtigen.[17] Er begnügt sich mit der Einsicht, dass Identität nicht als statisches Konzept, sondern als inhaltlich nicht festgelegter Prozess aufzufassen sei. Auf dieser Basis führt er die Formel der Anerkennung kultureller Minderheitenidentitäten als Gegensteuer zum kulturblinden Neutralitätsprinzip in die Grundrechtsdogmatik ein. Dass Kälin auf der «Politik der Anerkennung» beharrt, ist um so erstaunlicher, als er sich damit im Widerspruch zum erwähnten agnostischen Grundsatz das Problem einhandelt, «kulturelle Identität» als einen objektivierbaren Bezugspunkt setzen zu müssen. Die Versicherung, dass es nicht darum gehe, konkrete kulturelle Inhalt einer Gruppenidentität zu schützen, sondern «durch Anerkennung sicherzustellen, dass die Gruppe als solche existieren und sich selbst weiterentwickeln kann»,[18] vermag nicht zu überzeugen. Denn was bedeutet das Programm einer «Anerkennung der kulturellen Identität» im Grundrechtsstreit anderes als die richterliche Beurteilung der

16 Vgl. Bader (1995, 63–115) und vor allem Wicker (1998), der die Konjunktur der Identitätspolitiken in einer kreativen Anwendung des Drei-Sphären-Modells von Hannah Arendt auf erhellende Weise zu deuten vermag.

17 Für die soziologische Kritik vgl. exemplarisch die frühe Arbeit von Elwert (1989), die Übersicht von Bormann (1997) sowie die empirische Fallstudie von Trubeta (1999). Selbstverständlich werden Prozesse der sozialen Identitätsbildung und von Anerkennungskämpfen oft auch im Rahmen von nichtessentialistischen, zum Beispiel interaktionistischen Sozialtheorien dargestellt und analysiert. Vgl. auch meine Sammelrezension über einige deutschsprachige Neuerscheinungen zum Thema kollektive Identität (Sutter 2001). Herausragend dünkt mich das Werk von Niethammer (2000), der das Konzept der kollektiven Identität auf vergnügliche Weise ideengeschichtlich zerlegt, bis nichts mehr übrig bleibt als Schall und Rauch.

18 Kälin (2000, 77).

Frage, ob eine bestimmte kulturelle Praxis erstens zur Kultur einer Gruppe gehört und zweitens für die persönliche Identität eines bestimmten Gruppenmitglieds wesentlich ist? Das heisst, das Gericht ist gezwungen, objektivierende Urteile über die «kulturelle Identität» einer Gruppe und eines Individuums zu fällen. Dies widerspricht dem heutigen Stand des sozialwissenschaftlichen Problembewusstseins. Auch wenn sich Kälin in seinen theoretischen Ausführungen zu einem offenen Kulturbegriff bekannt hat, führt das Konzept der «Anerkennung kultureller Identität» in der Grundrechtspraxis unweigerlich zu einer Ideologisierung von kulturellen Unterschieden zurück.

In seinen abschliessenden Überlegungen zur Verantwortung der Grundrechtspraxis für die gesamtgesellschaftliche Integration stellt Kälin den Gedanken ins Zentrum, eine Ausgrenzung oder gar eine Segregation von Minderheiten führe zur gesellschaftlichen Desintegration und sei deshalb zu vermeiden. Dies scheint mir ebenso plausibel wie die Einschätzung, dass das Zulassen von kultureller Vielfalt im Sinne eines kulturellen Pluralismus der gesamtgesellschaftlichen Integration zuträglich sei. Letzteres trifft freilich nur zu, wenn der Diskurs, der die kulturelle Vielfalt rechtfertigt, nicht von jenen politischen Strategien vereinnahmt werden kann, welche eine gesellschaftliche Desintegration entlang der Unterscheidung «wir – die Fremden» bezwecken. Genau dies scheint beim vorliegenden Argumentationsmuster jedoch der Fall zu sein. Denn auch ethnonationalistische und religiös fundamentalistische Ideologien berufen sich mit Vorliebe auf das Prinzip der Anerkennung von kulturellen Gruppenidentitäten.[19] Kälin macht letztlich eine Argumentation für die Grundrechtspolitik salonfähig, die von einem zentralen Motiv der fundamentalistischen Identitätspolitiken kaum zu unterscheiden ist. Die Konsequenzen einer solchen unbeabsichtigten Nähe sind schlecht abschätzbar. Im ungünstigeren Falle bedeutet es Öl ins Feuer der Identitätspolitik.

19 Vgl. Meyer (1997) mit etlichen Beispielen.

Minderheitenrechte und kollektive Identitäten

Ist die vorgetragene Kritik am Konzept der Anerkennung kultureller Identitäten nicht überzogen? Muss nicht jede Bestrebung nach einem angemessenen Minderheitenschutz auf Kategorien kollektiven Daseins rekurrieren, welche – wie alle abstrakten Begriffe – sowohl in vernünftiger Weise gebraucht wie auch in politisch unverantwortlicher Weise missbraucht werden können?

Als Probe aufs Exempel wende ich mich den Minderheitenrechten auf der Ebene des UNO-Menschenrechtsschutzes zu. Der entscheidende Artikel 27 des internationalen Pakts über bürgerliche und politische Rechte lautet wie folgt:

> In Staaten mit ethnischen, religiösen oder sprachlichen Minderheiten darf Angehörigen solcher Minderheiten nicht das Recht vorenthalten werden, gemeinsam mit anderen Angehörigen ihrer Gruppe ihr eigenes kulturelles Leben zu pflegen, ihre eigene Religion zu bekennen und auszuüben oder sich ihrer eigenen Sprache zu bedienen.[20]

Zu diesem etwas gewunden formulierten Artikel gibt es selbstverständlich unterschiedliche Auslegungen. Gewiss werden im Art. 27 die ohnehin garantierten Menschenrechte der Teilnahme am kulturellen Leben und der Religionsfreiheit ausdrücklich in Bezug auf Angehörige von Minderheiten bekräftigt.[21] Plausibel ist, dass damit ein Verbot der Assimilierung von kulturellen Minderheiten durch den jeweiligen Staat bezweckt wird.[22] Umstritten hingegen ist, ob Art. 27 Angehörigen kultureller Minderheiten eine Handhabe gibt, positive Leistungen des Staates einzufordern, wie zum Beispiel einen kostenlosen Muttersprachen-Unterricht. Die vorherrschende Ausle-

20 Zit. nach Simma (1992, 31).

21 Ein wichtiger Zusatz hingegen ist die Garantie der Sprachenfreiheit.

22 Vgl. Kälin (2000, 67).

gung scheint eher zurückhaltend zu sein, was bezogen auf die Sprachenrechte heisst, dass niemandem das Recht auf seine Muttersprache für den Privatgebrauch oder in öffentlichen Kundgebungen verwehrt werden darf, dass aber darüber hinaus keine Ansprüche auf Förderung der Muttersprache oder auf eine Übersetzung im amtlichen Verkehr[23] bestehen.

Die Minderheiten werden im zitierten Artikel 27 in drei Kategorien mit besonders zu schützenden Rechtsgütern eingeteilt: Der ethnischen Minderheit entspricht die Pflege des eigenen kulturellen Lebens, der religiösen Minderheit entspricht das religiöse Bekenntnis und der religiöse Kultus, der sprachlichen Minderheit schliesslich entspricht der Gebrauch der eigenen Sprache. Diese Zuordnungen kommen an dieser Stelle ohne die Bezugnahme auf eine Gruppenidentität aus.

Das Bild ändert sich, wenn wir die *UN-Deklaration über die Rechte von Angehörigen nationaler oder ethnischer, religiöser und sprachlicher Minderheiten* von 1992 hinzuziehen. Das Dokument bezweckt, den allgemein gehaltenen Art. 27 präziser zu fassen. Artikel 1 Abs. 1 der Minderheiten-Deklaration lautet wie folgt:

> States shall protect the existence and the national or ethnic, cultural, religious and linguistic identity of minorities within their respective territories and shall encourage conditions for the promotion of that identity.[24]

Hier wird den Staaten ein Schutz nicht nur der Existenz, sondern auch der Identität, nicht nur der ethnischen, religiösen oder sprachlichen Identität, sondern zusätzlich der kulturellen Identität, und schliesslich nicht nur ein Schutz, sondern auch die Herstellung gün-

23 Ausnahme: Anspruch auf Übersetzung vor Gericht, der aber nicht als kulturelles Recht, sondern als Fairnessgebot im Verfahrensrecht verankert ist.

24 U.N. Doc. A/47/49 (1992), im Internet unter http://www.unhchr.ch/html/menu3/b/d_minori.htm abrufbar.

stiger Bedingungen für die Förderung solcher Identitäten aufgetragen. Was können wir darunter verstehen?

Eide weist in seinem Kommentar zur Minderheiten-Deklaration[25] darauf hin, dass der Ausdruck «Identität» seit Mitte der Achtzigerjahre zunehmend in UNO-Menschenrechtsdokumenten verwendet werde, was einen klaren Trend zum Schutz und zur Förderung kultureller Vielfalt zum Ausdruck bringe. Identität sei im wesentlichen etwas Kulturelles. Sie verlange nicht nur passive Toleranz, sondern einen aktiven kulturellen Pluralismus seitens des Staates und der Gesellschaft. Blosse Akzeptanz sei zu wenig, es gehe um den Respekt vor den unterscheidenden Merkmalen von Minderheitengruppen. Identitätsschutz impliziere mehr als nur ein Assimilationsverbot seitens des Staates; der Staat müsse auch Dritte an assimilierenden Aktivitäten hindern. Im Zentrum stünden die Sprachen- und die Erziehungspolitik der Staaten. Die Verpflichtung zum Identitätenschutz werde beispielsweise verletzt, wenn Minderheiten die Möglichkeit verwehrt würde, ihre eigene Sprache zu erlernen oder wenn die Weitergabe des Wissens über ihre Kultur, Geschichte, Tradition und Sprache vom Schulunterricht ausgeschlossen würde.[26]

Den letzten Punkt im oben zitierten Artikel, nämlich die Herstellung günstiger Bedingungen für die Förderung solcher Identitäten, interpretiert Eide als Verpflichtung zu besonderen staatlichen Massnahmen, welche das Ziel haben, die Reproduktion und Weiterentwicklung der Minderheitenkulturen zu erleichtern. Dabei betont er den Prozesscharakter von Kultur. Eine Minderheitenkultur entwickle sich in der Interaktion zwischen den Angehörigen der Minderheit, zwischen der Minderheit und dem Staat und zwischen der Minderheit und der umgebenden Gesellschaft.[27]

25 Vgl. für das Folgende Eide (1998).
26 A. a. O., S. 2 f.
27 A. a. O., S. 3.

Unabhängig davon, ob man die Ziele der Minderheitenrechts-Deklaration teilt oder nicht, muss die Frage gestellt werden, ob das verwendete begriffliche Schema zum Schutz der Minderheitenrechte brauchbar ist. Grundlegend ist die Annahme, es gebe relativ geschlossene soziale Einheiten – seien sie national, ethnisch, «kulturell», religiös oder sprachlich definiert –, mit eigenen Gruppenidentitäten, welche durch ihre je besondere (sich entwickelnde) Kultur beschrieben werden können. Es handelt sich hier – wie bereits oben anhand des Textes von Kälin aufgezeigt – um das Modell einer Korrespondenz von *Community* und Kultur, um das Modell der Kulturgemeinschaft.[28] Minderheiten sind in dieser Auffassung Kollektivsubjekte, die in ihrer Besonderheit anerkannt werden müssen. Für das darauf bauende Konzept der Minderheitenrechte ist die staatliche Anerkennung der Minderheitengruppen in ihrer kulturell abweichenden Identität zentral.

Wie werden auf dieser Grundlage gewisse Minderheitenrechte den individuellen Angehörigen bestimmter Gruppen zugeordnet?[29] Das Schema lässt sich wie folgt beschreiben: Eine Gruppe A (z.B. Immigranten/-innen italienischer Herkunft in der Schweiz) wird aufgrund bestimmter Kriterien (z.B. nationaler Herkunft, Sprache, Identitätsgefühl etc.) als eine Minderheit der Kategorie X (z.B. als ethnische Minderheit) aufgefasst. Die Kategorie «ethnische Minderheit» legitimiert den Anspruch auf bestimmte Minderheitenrechte Y ihrer Angehörigen, zum Beispiel auf eine finanzielle Förderung von Vereinen italienischer Immigranten/-innen und ihrer Nachfahren.

Kernstück dieses Modells ist die Anerkennung einer Bevölkerungsgruppe mit bestimmten Eigenschaften (Herkunft, Sprache etc.) als

28 Vgl. die scharfe Kritik am Community-Mythos bei Howard (1993) sowie oben FN 128.

29 Im UN-Rahmen sind die individuellen Angehörigen von Minderheiten die Träger von Minderheitenrechten. In diesem Sinne sind Minderheitenrechte individuelle, keine kollektiven Rechte. Vgl dazu auch Sutter (1998c).

eine rechtlich relevante Minderheiten-Gruppe. Daraus erklärt sich der im UN-Kontext hohe Stellenwert der Definitionsfragen von Minderheiten. Denn erst, wenn klar ist, auf welchen Typus von Einheiten man sich bezieht, können diese zum Subjekt einer staatlichen Anerkennung werden. Und es ist symptomatisch, dass es auf internationaler Ebene bis jetzt nicht gelungen ist, in den Definitionsfragen zu einer Übereinstimmung zu gelangen. Gewöhnlich stehen zwei Kriterien im Zentrum der Überlegungen: erstens so genannte «objektiv» von der Mehrheit abweichende kulturelle Merkmale der Minderheitengruppen und zweitens der subjektive Wille der Minderheitenangehörigen, die eigene Gruppenidentität zu bewahren.[30] Beides zusammengenommen, der krude Objektivismus und das rousseauistische Willensmotiv, machen das aus, was inzwischen als «Essentialismus» in den Sozialwissenschaften verpönt ist.

Die normsetzende Arbeit im Bereich der Minderheitenrechte hat die Aufgabe, Konzepte zu entwickeln, welche die Spannungen zwischen Staaten und Minderheitengruppen zu entschärfen vermögen.

30 Vgl. Capotorti (1991). Im Abschnitt Nr. 568 seiner Abhandlung formuliert Capotorti eine allgemeine Minderheiten-Definition, die bislang wahrscheinlich die grösste Zustimmung gefunden hat. In einem neueren internen UNO-Dokument wird eine «Arbeitsdefintition» von «Minderheit» wie folgt formuliert: «‹Minority› denotes a group of persons in principle permanently resident in the territory of a state, numerically fewer than the remaining population of that state, in other words constituting less than half of its population, endowed with national or ethnic, religious and linguistic and other related characteristics (culture, traditions and so forth) distinct from similar characteristics of the rest of the population, and displaying a will to preserve the existence and identity of the group.» (Minorities: A Working Definition, Article 1, UN Doc. E/CN.4/Sub.2/AC.5/1997/WP.1, p.6). Auffällig ist, dass in dieser Definition die Machtfrage völlig ausgeblendet wird, während in kritischer Sicht Minderheiten geradezu als Gruppen mit minderer Macht definiert werden. Vgl. dazu das Manuskript «Aspekte soziokultureller Identitätsbildung» von Monique Eckmann, im Internet abrufbar unter www.humanrights.ch/seminare.html, in der Rubrik «Kulturelle Rechte für Minderheiten – kein Problem?».

Für diese Zielsetzung ist es fatal, sich auf ein Denkmodell abzustützen, welches ein Ausdruck des Konflikts zwischen repressiven Nationalstaaten und kulturellen Minderheiten ist. Genau dies geschieht aber, wenn eine ethnische oder religiöse Minderheit via offizieller Anerkennung zum rechtlich relevanten Kollektivsubjekt ernannt wird.[31] Denn eine solche Anerkennung bestätigt nicht nur die identitätspolitische Ideologie der organisierten Minderheit, sondern bestärkt spiegelbildlich auch ethno-nationalistische Selbstauslegungen und Politiken des betreffenden Staats.

Die formelle Anerkennung ethnischer oder religiöser Minderheiten als solcher (das heisst: nicht in Form von besonderen Organisationen) gehört nicht zu den Aufgaben des liberalen und laizistischen Staates, im Gegenteil: Eine Politik der offiziellen Anerkennung von Ethnizität oder religiösem Bekenntnis bedeutet Wasser auf die Mühlen der Identitätspolitik mit potentiell unabsehbaren Folgen gerade für den liberalen Staat. Dieser hat lediglich dafür zu sorgen, dass niemandem ein Nachteil erwächst, wenn er/sie ihre ethnische oder religiöse Zugehörigkeit bekundet, zum Ausdruck bringt oder sich auf dieser Grundlage mit anderen zusammenschliesst. Es geht um die Garantie der Freiheitsrechte, den Schutz vor Diskriminierung sowie die Achtung allfälliger ethnischer oder religiöser Zugehörigkeitsgefühle, nicht aber um deren Bestärkung und politische Ermächtigung. Ethnisch oder religiös definierten Organisationen ist es unbenommen, Ansprüche anzumelden. Ob diesen entsprochen wird, darf jedoch nicht davon abhängig gemacht werden, ob diese Organisationen eine «authentische» Ethnizität oder Religiosität verkörpern oder nicht.

31 Scherer-Leydecker (1997) bewegt sich beispielsweise in seiner Studie zur Bedeutung von «ethnischen Gruppen» im internationalen Recht im Rahmen eines solchen Denkmusters.

Zur Theorie von Will Kymlicka

Der kanadische Philosoph Will Kymlicka hat in mehreren Anläufen eine international beachtete Theorie der Minderheitenrechte formuliert. Ich möchte kurz überprüfen, wie sich sein Ansatz zum oben kritisierten Denkschema für Minderheitenrechte verhält.

Anzusetzen ist bei der für Kymlicka entscheidenden Unterscheidung zwischen nationalen und eingewanderten Minderheiten. Unter ersteren versteht er «historisch ansässige, territorial verdichtete und vormals selbstbestimmt regierte Kulturen, deren Siedlungsgebiet einem grösseren Staat eingegliedert worden ist».[32] Eingewanderte Minderheiten hingegen sind erst seit relativ kurzer Zeit ansässig und sie besiedeln im Aufnahmestaat kein zusammenhängendes Gebiet. Kymlicka versucht, für diese beiden Kategorien von Minderheiten unterschiedliche Ansprüche auf gruppendifferenzierte Rechte zu begründen.[33]

Die von einem Staat ursprünglich kolonisierten nationalen Minderheiten entwickeln fast zwangsläufig einen politischen Ethnonationalismus, um den Anspruch auf ihre eigene «gesellschaftliche Kultur» geltend zu machen. Unter «gesellschaftlicher Kultur» versteht Kymlicka in erster Linie eigensprachlich geführte Institutionen der Selbstverwaltung auf lokaler Ebene, inklusive Institutionen der

32 Kymlicka (1999, 16).

33 Wie immer bei idealtypischen Unterscheidungen gibt es viele gute empirische Gründe, eine solche Dichotomie zurückzuweisen. Kymlicka hat sich jedoch von der Kritik etwa von Carens (1997) – meines Erachtens zu Recht – nicht beirren lassen. Kymlicka (1997) räumt ein, dass die Unterscheidung von nationalen und eingewanderten Minderheiten für viele empirische Gruppen unpassend sei; dennoch bleibt es für die Theorie eine sinnvolle und wichtige Unterscheidung.

Sozialpolitik und des Bildungswesens.[34] Die Forderungen nach einer Rückgewinnung «gesellschaftlicher Kultur» können also grundsätzlich in Form des Aufbaus eigensprachlicher Institutionen im Rahmen einer föderalen Staatsreform eingelöst werden.[35] Voraussetzung dafür ist die staatliche Anerkennung der nationalen Minderheit als kollektiver Einheit.[36] Diese starke Bedeutung einer «Politik der Anerkennung» versucht Kymlicka im Rahmen des politischen Liberalismus mit dem Argument der existenziellen Bedeutung der «gesellschaftlichen Kultur» für das einzelne Individuum zu stützen.

Die Kritik von Seyla Benhabib[37] setzt genau an diesem Punkt ein: Kymlicka neige dazu, den kulturellen Kontext der nationalen Gruppe als eine homogene Ganzheit zu idealisieren. Damit gleite er ungewollt von der Ebene der theoretischen Analyse in das Fahrwasser der Nacherzählung nationalistischer Mythen, die er letztlich theoretisch bekräftige. Diese Kritik ist berechtigt, schüttet aber das Kind mit dem Bade aus. Denn der rationale Kern in der Problematik «nationaler Minderheiten» besteht darin, dass es sich um ehemals kolonisierte Gruppen mit einer eigenen Sprache handelt, die in einem bestimmten Gebiet eines bestehenden Staates die Mehrheitsbevölkerung

34 «Eine gesellschaftliche Kultur ist eine territorial verdichtete Kultur, deren Kernstück eine geteilte Sprache ist, welche über ein grosses Spektrum gesellschaftlicher Institutionen (Schulen, Medien, Recht, Wirtschaft, Verwaltung usw.) hinweg Verwendung findet, und zwar sowohl im öffentlichen als auch im privaten Leben. Die Teilhabe an derartigen gesellschaftlichen Kulturen erschliesst ein Repertoire sinnhafter Lebensmuster, die den gesamten Bereich menschlicher Tätigkeiten abdecken, Soziales, Religion, Freizeit und Wirtschaft.» Kymlicka (1999, 22).

35 Ein Beispiel ist das Autonomiestatut für Katalonien und das Baskenland in der Post-Franco-Aera. Der Fall des Baskenlandes zeigt aber auch, dass eine Autonomielösung die separatistischen Bestrebungen radikaler ethno-nationalistischer Gruppierungen nicht zwangsläufig zum Verschwinden bringt.

36 Kymlicka (1999, 31).

37 Vgl. Benhabib (1999, 46–53), vgl. auch Sutter (1998a).

ausmacht. In einer solchen Situation ist eine politische Autonomie für das betreffende Sprachgebiet im Rahmen eines föderalen Staatssystems eine rationale und geschichtlich erprobte Lösung. Für die Begründung einer solchen Lösung reicht das Kriterium der Sprache aus; man braucht auf rechtsphilosophischer Ebene die nationalistische Rhetorik, die in der Politik ohnehin verwendet wird, nicht zusätzlich mit einem aufgeblasenen Kulturbegriff zu reproduzieren. Es genügt vollkommen, von regionalen Selbstverwaltungsrechten für innerstaatlich abweichende Sprachregionen zu sprechen.[38]

Die Problemlage eingewanderter Minderheiten ist laut Kymlikka hingegen eine grundsätzlich andere. Angehörige eingewanderter Minderheiten mit einem gefestigten Aufenthaltsstatus würden sich mittelfristig mit hoher Wahrscheinlichkeit in die «gesellschaftliche Kultur» des Aufnahmelandes integrieren. Die Alternative wäre eine selbst gewählte Isolation und Marginalisierung, ein Weg, der faktisch von Einwanderergruppen nur sehr selten gewählt werde. Allerdings bedeutet eine soziale und ökonomische Integration nicht notwendig, dass die Einwanderer/-innen damit auch alle kulturellen Zeichengebräuche und Handlungsmuster ihrer Herkunft abstreifen wollen. Im Gegenteil: Vor dem Hintergrund eines inzwischen weltweiten *ethnic revival* hat die subjektive Bedeutung kultureller Besonderheiten für das Identitätsgefühl vieler Akteure bekanntlich stark zugenommen.

Aufgrund dieser Ausgangssituation befürwortet Kymlicka gegenüber den Einwanderergruppen eine pragmatische Politik des Multi-

38 Selbstverständlich bleiben damit eine Menge Fragen in Bezug auf konkrete Gruppen offen. Ein Schwachpunkt des Konzepts ist es beispielsweise, dass vorwiegend nicht-sesshafte Sprachgruppen wie Sinti und Roma durch seine territorial definierten Maschen fallen. Wenn Selbstverwaltungsrechte allerdings vom territorialen Rahmen abgelöst und direkt auf «ethnische Gruppen» bezogen werden, so sind wir wieder beim Punkt, dass das Recht das Prinzip ethnischer Exklusivität verstärkt, was nicht sein soll.

kulturalismus (im weitesten Sinne) und wendet sich gegen die Ansicht, dass solche Politiken *per se* integrationsfeindlich seien oder gar dem Separatismus Vorschub leisten würden.[39] Der Multikulturalismus würde nur die Bedingungen der Integration neu formulieren. Kymlicka konkretisiert seine Auffassung eines legitimen Multikulturalismus in einer Reihe von Massnahmen, die – direkt oder indirekt – allesamt einen Beitrag zur mittelfristigen Integration von Einwanderern/-innen darstellen, indem sie durch materielle oder symbolische Anerkennung von besonderen Herkunftsidentitäten ihr Selbstwertgefühl stärken. Einige Vorkehrungen, wie minderheitenfreundliche Quotenregelungen für die Aufnahme in staatliche Institutionen oder die finanzielle Unterstützung von Kulturzentren oder von muttersprachlichen Dienstleistungsangeboten, betreffen *Fördermassnahmen*, andere sind *Ausnahmeregelungen* in bezug auf religiöse Feiertage und Kleidungsvorschriften, wieder andere betreffen *antirassistische Massnahmen* in den Bildungseinrichtungen und in der Arbeitswelt.[40] Einige dieser Massnahmen lassen sich als gruppendifferenzierte Sonderrechte für ethnische, religiöse oder sprachliche Minderheiten formulieren. Früher nannte Kymlicka diese Kategorie an gruppendifferenzierten Rechten «polyethnische Rechte», nun nennt er sie – in Erwiderung auf die Kritik von Carens[41] – «accomodation rights»,[42] was vielleicht als «Ausgleichsrechte» zu übersetzen ist.

Zur Begründung solcher kultureller Ausgleichsrechte schwankt Kymlicka zwischen zwei Argumentationslinien. Die eine nimmt den sozialpsychologisch nachvollziehbaren Anspruch von Einwanderergruppen «auf mehr Anerkennung und Sichtbarkeit»[43] in der Auf-

39 Vgl. Kymlicka (1999, 47 ff.).
40 Vgl. Kymlicka (1999, 60 ff. und 68 ff.).
41 Vgl. Carens (1997).
42 Vgl. Kymlicka (1997, 73).
43 Kymlicka (1999, 70).

nahmegesellschaft auf. Dabei geht es um die «Bejahung und Anerkennung der ethnischen Identität», jedoch innerhalb von «gemeinsamen Institutionen» mit der Aufnahmegesellschaft.[44] Letzteres ist für Kymlicka entscheidend, sei doch der gemeinsame institutionelle Bezugsrahmen eine wirksame Garantie dafür, dass die Identitätspolitik nicht in Separatismus verkomme. Allerdings ist die Gefahr auch für Kymlicka nicht ganz von der Hand zu weisen, dass eine verstärkte Identitätspolitik von Einwanderergruppen zu einer Art «mentalem Separatismus»[45] führen kann.

Philosophisch überzeugender als diese identitätspolitischen Anlehnungen ist das von Kymlicka ebenfalls befürwortete Gerechtigkeitsargument.[46] Gewisse gruppenbezogene Sonderrechte für eingewanderte Minderheiten sind – unter Voraussetzung des Leitwerts der Chancengleichheit – als fairer Ausgleich für kulturell begründete Benachteiligungen anzusehen. Letztere sind Benachteiligungen, die entstehen können, wenn kulturelle Normen und Orientierungen der Angehörigen von Minderheiten mit den staatlich legitimierten kulturellen Ordnungen der Mehrheitsgesellschaft nicht übereinstimmen.[47] In diesem Kontext stellt sich nicht mehr die Frage der Anerkennung von Minderheitenidentitäten, sondern der Anerkennung des Anspruchs auf einen gerechten Ausgleich von spezifischen Ungerechtigkeiten. Ausgehend von dieser Differenzierung möchte ich mich zum Schluss der Frage zuwenden, ob es eine Möglichkeit gibt, solche kulturellen Ausgleichsrechte zu rechtfertigen, ohne gleichzeitig den identitätspolitischen Diskurs zu untermauern.

44 A. a. O., S. 71.
45 A. a. O., S. 79.
46 Vgl. Kymlicka (1995, 114 ff.).
47 Ein Beispiel sind religiöse Feiertage.

Zum Konzept kultureller Ausgleichsrechte

Unter «kulturellen Ausgleichsrechten» verstehe ich besondere Rechte für Angehörige und/oder Organisationen kultureller Minderheiten-Gruppen,[48] die mit dem Ziel verbunden sind, gruppenspezifische, kulturell bewirkte Benachteiligungen im Kontext einer staatlich verfassten Mehrheitsgesellschaft auszugleichen. Damit wird mehr postuliert als nur die Bekräftigung des Schutzes vor Diskriminierung, nämlich Ansprüche an staatliche Leistungen und Ausnahmeregelungen im Bereich der Öffentlichkeit. Das Subjekt, das diese Rechte einfordert, kann eine Einzelperson oder eine Organisation sein.

Welche von allen möglichen Angehörigen oder Organisationen von subkulturellen Minderheitengruppen sollen in den Genuss von kulturellen Ausgleichsrechten kommen, welche nicht?[49] Falls wir die identitätspolitische Falle umgehen wollen, dürfen wir zur Festlegung der Kriterien nicht bei der Qualität der *Minderheitengruppen* ansetzen, sondern bei der Qualität der *Probleme*, welche von bestimmten Individuen oder Organisationen geltend gemacht werden. Ich schlage also einen problemorientierten Ansatz vor, um den noch abstrakten Begriff der kulturellen Ausgleichsrechte zu konkretisieren.

Als kulturell begründete Probleme gelten Situationen von Chancen-Ungleichheit und anderen Benachteiligungen, die als Folge von

48 Gegenüber Kymlicka weite ich den Anwendungsbereich der Ausgleichsrechte aus. Denn die von Kymlicka ausschliesslich betrachteten Einwanderergruppen sind soziologisch gesehen – auch in Übereinstimmung mit Kymlickas eigener Theorie – nur ein Spezialfall von subkulturellen Gruppen.

49 Mit gutem Grund hat Pogge (1997) die Frage nach einer ungerechtfertigten Privilegierung gewisser Kategorien von Minderheiten, wie etwa der ethnischen Minderheiten, aufgeworfen.

spezifischen subkulturellen Abweichungen von staatlich legitimierten kulturellen Mustern zu betrachten sind. Doch nicht alle kulturell begründeten Probleme implizieren ein Recht auf Ausgleich. Zum Beispiel haben leidenschaftliche Hobby-Motorflieger offensichtlich keinen Anspruch auf eine öffentliche Subvention ihrer Freizeit-Leidenschaft, auch wenn diese mit hohen Kosten verbunden ist. Eine Theorie kultureller Ausgleichsrechte dient dazu, Kategorien von relevanten Problemsituationen zu definieren sowie einige Kriterien für den Anspruch auf solche Sonderrechte festzulegen. Denn im Falle eines konkreten Anspruchs muss entscheidbar sein, ob er als legitim zu betrachten ist.

Benötigt wird also *erstens* eine brauchbare Klassifikation der kulturellen Ausgleichsrechte zur Eingrenzung von relevanten Problemsituationen in Form von allgemeinen Rechtsgarantien (d.h. letztlich als Grundrechte), *zweitens* eine Differenzierung von Anspruchskriterien für jede Kategorie von Ausgleichsrechten und *drittens* problembezogene Umsetzungen der allgemeinen Rechtspositionen in Form von konkreten Regelungen (d.h. auf Gesetzesebene).

In der nachstehenden Tabelle findet sich ein Vorschlag für eine grundrechtlich bedeutsame Klassifikation[50] von Problemtypen, ergänzt um fiktive (aber realitätsnahe) Beispiele für konkrete Umsetzungen:

50 In Anlehnung an die Klassifikation von Levy (1997), allerdings ohne Berücksichtigung der politischen Minderheitenrechte auf Repräsentation und Autonomie, denn diese sprengen den Rahmen der *kulturellen* Ausgleichsrechte.

Klassifikation der kulturellen Ausgleichsrechte:	*Grundrechtliche Bedeutung der Kategorie*	*Fiktive Beispiele für konkrete Regelungen*
Öffentliche Fremd- und Selbstdarstellung	Mitsprachemöglichkeiten von Minderheitengruppen bei Fragen ihrer Darstellung im öffentlichen und staatlichen Bereich und Möglichkeiten einer öffentlichen Selbstdarstellung	Mitspracherecht der schweizerischen jüdischen Gemeinde bei Schulbuch-Darstellungen zum Thema «Juden in der Schweiz».
Religiös begründete Ausnahmeregelungen	Besondere Regelungen für Angehörige von religiösen Minderheiten, damit sie ihre religiösen Vorschriften einhalten und ihre Feste in Würde durchführen können.	Recht auf ein mit den islamischen Essens-Vorschriften verträgliches Menü in Betriebskantinen.
Sprachenrechte	Berücksichtigung der legitimen Interessen von fremdsprachigen Minderheiten	Finanzielle Unterstützung für einen Zusatzunterricht in der Muttersprache für fremdsprachige Einwohner/-innen. Recht auf ein tamilischsprachiges Programmfenster in öffentlich-rechtlichen Medien.
Förderungsrechte	Finanzielle Unterstützung von Organisationen und Projekten von subkulturellen Minderheiten, insbesondere Unterstützung von Integrationsbestrebungen.	Finanzielle Förderung eines afrikanischen Kulturzentrums. Recht auf kostenlose Kurse in den Landessprachen für alle.

Diese Auflistung provoziert selbstverständlich etliche Fragen. Unter anderem ist kontrovers, ob weitere Kategorien von Ausgleichsrechten auf die Liste kommen sollen, beispielsweise der Anspruch auf institutionelle Formen der Autonomie etwa in Gestalt von eigenen Schulen für religiöse oder sprachliche Minderheiten. Auch eine klare grundrechtliche Bedeutung der vorgeschlagenen Kategorien könnte erst aufgrund von breiten öffentlichen Diskussionen festgelegt werden.

Ausserdem müssten die Grenzen der grundrechtlichen Ansprüche bezeichnet werden. Denn selbstverständlich hat kein kulturelles Ausgleichsrecht eine absolute Geltung. In diesem Zusammenhang sind mögliche Folgen von neuen Regelungen im Voraus zu bedenken, insbesondere die Gefahr, soziale Segmentierungen entlang kultureller Abgrenzungslinien zu verstärken. Wenn beispielsweise das Recht für muslimische Personen zur Debatte steht, am Arbeitsplatz ihre vorgeschriebenen Gebete verrichten zu können, so müsste sorgfältig abgewogen werden, welche unerwünschten sozialen Nebenerscheinungen von einer solchen Regelung zu erwarten wären. Eine Folgenabschätzung könnte zum ausschlaggebenden Argument werden, eine Regelung nicht einzuführen, obwohl sie auf den ersten Blick als legitim erscheint, oder aber die Regelung anders als ursprünglich gefordert einzuführen, zum Beispiel in Form einer Vorschrift für grössere Betriebe, allen Arbeitnehmern/-innen einen gemeinsamen Meditationsraum zur Verfügung zu stellen.[51]

Insbesondere die zweite der oben genannten Aufgaben, nämlich differenzierte Anspruchskriterien für Ausgleichsrechte festzulegen, ist nicht leicht zu lösen. Abgesehen vom allgemeinen Grundsatz der Herstellung von Chancengleichheit durch die Aufhebung gruppenspezifischer Benachteiligungen im Verhältnis zur übrigen Gesellschaft sind spezifische Bedingungen festzulegen, die erfüllt sein müssen, damit jemand einen konkreten Anspruch unter Berufung auf ein Ausgleichsrecht geltend machen kann. Zu diesem Zweck müsste jede der obigen Kategorien an kulturellen Ausgleichsrechten nochmals in einen ganzen Katalog von konkreten Möglichkeiten differenziert werden. Die Kategorie der Sprachenrechte zum Beispiel müsste differenziert werden in das Recht auf Förderung der eigenen Sprache, das Recht auf regulären Schulunterricht in der eigenen Sprache, das

51 Oft können mit gesundem Menschenverstand gruppenneutrale Lösungen für kulturell induzierte Probleme gefunden werden, die nicht eine Minderheitengruppe als solche besonders exponieren. Im Kanton Bern besteht zum Beispiel für alle Schüler/-innen das Recht, nach eigenen Bedürfnissen einige schulfreie Halbtage pro Semester zu beziehen. Damit entfällt die Notwendigkeit von Ausnahmeregelungen betreffend Dispens für Minderheiten an religiösen Feiertagen.

Recht auf eigensprachliche Medien oder Programmfenster, das Recht auf den Gebrauch der eigenen Sprache im Umgang mit den Behörden etc.[52]

Welche quantitativen und/oder qualitativen Bedingungen hat eine sprachliche Minderheit zu erfüllen, damit ihre Angehörigen einen Anspruch auf einen unentgeltlichen Sprachunterricht in ihrer Muttersprache bekommen? Eine solche Frage kann nur im nationalen Kontext befriedigend beantwortet werden. Das Konzept kultureller Ausgleichsrechte impliziert auf der praktischen Ebene, dass jeder Staat nicht nur zusätzliche Grundrechte einführen, sondern auch Gremien einsetzen würde, die fähig wären, gültige Kriterien zu entwickeln, damit die im Namen kultureller Minderheiten vorgetragenen Ansprüche auf faire Weise geprüft und gegebenenfalls in Vorschläge für verbindliche Regelungen auf Gesetzesstufe umgesetzt werden können.

Einmal abgesehen von den immensen politischen Problemen einer rechtlichen Umsetzung des Konzepts kultureller Ausgleichsrechte möchte ich zum Schluss nochmals die Kehrtwendung auf der Ebene des Prinzips betonen: Es wird nicht mehr aus der unterstellten Identität einer Gruppe der Anspruch auf ein gruppendifferenziertes Recht abgeleitet, sondern konkrete gruppenbezogene Ansprüche werden auf der Grundlage allgemeiner Rechtsgarantien geprüft und allenfalls in Form von präzisen Regelungen befriedigt. Die praktische Umsetzung solcher allgemeiner Rechtsgarantien bedingt eine Festlegung kontextgebundener Anspruchskriterien. Auf diese Weise steht nicht mehr eine unterstellte Gruppenidentität als Gefühls(ab)grund am Anfang, sondern die Identifikation einer anspruchsberechtigten Gruppe als rechtlich differenziertes Konstrukt am Ende des Prozesses der Einforderung kultureller Minderheitenrechte.

52 Vorbildlich für eine inhaltliche Ausdifferenzierung der Sprachrechte (im Gegensatz zur Festlegung der Anspruchskriterien) ist die «Europäische Charta zum Schutz der regionalen und Minderheiten-Sprachen» von 1992. Der Text findet sich im Internet unter http://www.coe.fr/fr/txtjur/148fr.htm.

Literatur

Bader, Veit-Michael (1995): Rassismus, Ethnizität, Bürgerschaft. Soziologische und philosophische Überlegungen. Münster: Westfälisches Dampfboot.

Baumann, Gerd (1998): Ethnische Identität als duale diskursive Konstruktion. Dominante und demotische Identitätsdiskurse in einer multiethnischen Vorstadt von London. In: *Identitäten. Erinnerung, Geschichte, Identität* 3. Hrsg. von A. Assmann and H. Friese. S. 44–72. Frankfurt a. M.: Suhrkamp.

Benhabib, Seyla (1999): Kulturelle Vielfalt und demokratische Gleichheit. Frankfurt a. M.: Fischer.

Bormann, Regina (1997): «Multikulturalität»? Die sozialwissenschaftliche Kulturforschung angesichts des Umlaufs ihrer Kategorien. In: *Schweizerische ZS für Soziologie* 23(2). S. 283–302.

Britz, Gabriele (2000): Kulturelle Rechte und Verfassung. Über den rechtlichen Umgang mit kultureller Differenz. Tübingen: Mohr Siebeck

Capotorti, Francesco (1991): Study on the Rights of Persons belonging to Ethnic, Religious and Linguistic Minorities. New York: United Nations.

Carens, Joseph H. (1997): Liberalism and Culture. In: *Constellations* 4(1). S. 34–47.

Danielsen, Dan, and Karen Engle (Hrsg.) (1995): After Identity: A Reader in Law and Culture. New York: Routledge.

Eide, Asbjorn (1998): Commentary to the Declaration on the Rights of Persons Belonging to National or Ethnic, Religious and Linguistic Minorities. Commission on Human Rights. Geneva

Elwert, Georg (1989): Nationalismus und Ethnizität. Über die Bildung von Wir-Gruppen. In: *Kölner ZS für Soziologie und Sozialpsych.* 41. S. 440–464.

Fuchs, Martin (1999): Kampf um Differenz. Frankfurt a. M.: Suhrkamp.

Howard, Rhoda (1993): Cultural Absolutism and the Nostalgia for Community. In: *Human Rights Quarterly* 15. S. 315–338.

Kälin, Walter (2000): Grundrechte im Kulturkonflikt. Freiheit und Gleichheit in der Einwanderungsgesellschaft. Zürich: NZZ Verlag.

Kymlicka, Will (1995): Multicultural Citizenship – a Liberal Theory of Minority Rights. Oxford.

Kymlicka, Will (1997): Do we need a Liberal Theory of Minority Rights? Reply to Carens, Young, Parekh and Forst. In: *Constellations* 4(1). S. 72–87.

Kymlicka, Will (1999): Multikulturalismus und Demokratie. Über Minderheiten in Staaten und Nationen. Hamburg: Rotbuch Verlag.

Levy, Jacob T. (1997): Classifying Cultural Rights. In: *Ethnicity and Group Rights*. Hrsg. von I. Shapiro and W. Kymlicka. S. 22–67. New York / London: New York University Press.

Meyer, Thomas (1997): Identitäts-Wahn. Die Politisierung des kulturellen Unterschieds. Berlin: Aufbau Verlag.

Niethammer, Lutz (2000): Kollektive Identität. Heimliche Quellen einer unheimlichen Konjunktur. Reinbek bei Hamburg: Rowohlt.

Pogge, Thomas W. (1997): Group Rights and Ethnicity. In: *Ethnicity and Group Rights*. Hrsg. von I. Shapiro and W. Kymlicka. S. 187–221. New York / London: New York University Press.

Scherer-Leydecker, Christian (1997): Minderheiten und sonstige ethnische Gruppen. Berlin: Arno Spiez.

Simma, B. & Fastenrath, U. (Hrsg.) (1992): Menschenrechte – ihr internationaler Schutz. München: dtv.

Straub, Jürgen (1998): Personale und kollektive Identität. Zur Analyse eines theoretischen Begriffs. In: *Identitäten. Erinnerung, Geschichte, Identität 3*. Hrsg. von A. Assmann and H. Friese. S. 73–104. Frankfurt a. M.: Suhrkamp.

Sutter, Alex (1998a): Minderheitenrechte und Identitätspolitik. In: WoZ, Nr. 51 vom 17. Dez. 1998, S. 24.

Sutter, Alex (1998b): Gibt es ein Menschenrecht auf kulturelle Identität? In: *Blickwechsel. Die interkulturelle Schweiz an der Schwelle zum 21. Jahrhundert*. Hrsg. von S. Prodolliet. Luzern: Caritas-Verlag.

Sutter, Alex (1998c): Keine kollektiven Menschenrechte! Zur Problematik der Minderheitenrechte im Rahmen der individuellen Menschenrechte. In: *Widerspruch* 35. S. 35–47.

Sutter, Alex (2000a): Kultureller Pluralismus im Grundrechtskonflikt. In: *Widerspruch* 39 (Juli 2000). S. 174–178.

Sutter, Alex (2000b): Welche kulturellen Rechte für marginale Minderheiten? In: *Sozialalmanach 2000: Sozialrechte und Chancengleichheit in der Schweiz*. Hrsg. von A. Schnyer. S. 179–192. Luzern: Caritas Verlag.

Sutter, Alex (2001): Kollektive Identität – des Kaisers neue Kleider? In: Widerspruch Nr. 41/2001, S. 179–183.

Taylor, Charles (1993): Multikulturalismus und die Politik der Anerkennung. Frankfurt a. M.: Fischer.

Trubeta, Sevasti (1999): Die Konstitution von Minderheiten und die Ethnisierung sozialer und politischer Konflikte. Frankfurt a. M.: Peter Lang.

Wagner, Peter (1998): Fest-Stellungen. Beobachtungen zur sozialwissenschaftlichen Diskussion über Identität. In: *Identitäten. Erinnerung, Geschichte, Identität 3*.

Hrsg. von A. Assmann and H. Friese. S. 44–72. Frankfurt a. M.: Suhrkamp.

Wicker, Hans-Rudolf (1998): Nationalismus, Multikulturalismus und Ethnizität. In: *Nationalismus, Multikulturalismus und Ethnizität. Beiträge zur Deutung von sozialer und politischer Einbindung und Ausgrenzung.* Hrsg. von H.-R. Wicker. S. 39–64. Bern / Stuttgart / Wien: Haupt.

Die liberale Gesellschaft und ihre Fremden – John Rawls' Theorie der Gerechtigkeit und das Recht auf Immigration[1]

Martino Leone Mona

Oedipus
Viel Unglück, Theseus, traf mein Leben,
Doch war ich's, der es stets erlitt.
Die Götter werden mir das Zeugnis geben,
Dass selbst ich nichts verbrochen habe.

Theseus
Mein Gastfreund warst du schon seit Zeiten.
Dir eine Zuflucht zu bereiten,
Ist meine Pflicht. Ich scheu' mich nicht.
Auch ich bin nur ein Mensch.

Sophokles, *Oedipus Coloneus*

Ziel dieses Aufsatzes ist es, aus rechtsphilosophischer Sicht zur realpolitischen Problematik der zunehmenden Migration von Personen und zur Doktrin der nationalstaatlichen Abwehr von Flüchtlingen Stellung zu nehmen. Ich werde der Frage nachgehen, ob und in welchem Masse die Immigration von Fremden in ein nationales Territorium beschränkt werden darf. Die Immigrationspolitik ist von der jeweiligen politischen und kulturellen Beschaffenheit der staatlichen Rechtsordnung und von den moralischen und rechtlichen Prinzipien, nach denen der Staat funktioniert, abhängig; entsprechend werde

1 Ich bedanke mich bei Philipp Keller, Marco Mona und Jean-Claude Wolf für wertvolle Hinweise auf Unklarheiten und Verbesserungsmöglichkeiten.

ich meine These ausschliesslich für die Rechtsordnung in liberalen demokratischen Rechtsstaaten formulieren.[2] Die Frage lautet also: Welche Art von Immigrationspolitik lässt sich in liberalen Demokratien auf der Grundlage von liberalen Gerechtigkeitsprinzipien, wie z. B. der Autonomie des Individuums, der Gleichberechtigung aller Menschen, dem Fundamentalrecht der gleichen subjektiven Handlungsfreiheit, rechtfertigen?

Zur begrifflichen Klärung nur so viel: Ich werde den Terminus ‹Immigranten› als Oberbegriff verwenden, der alle Menschen umfasst, die aus welchen Gründen auch immer, von einem Staat in einen andern ziehen, sei es um vor Verfolgung Schutz zu suchen oder um sich dort anzusiedeln. Zu den Immigranten zähle ich also u. a. Flüchtlinge[3] resp. Asylsuchende, Arbeitsimmigranten und Einwanderer.

Ich werde nun zunächst einige allgemeine Bemerkungen zur vorherrschenden Situation im internationalen Asylrecht machen. Dabei zeigt sich, dass noch heute selbst verfolgte Flüchtlinge keinen subjektiven Anspruch haben in ein anderes Land zu immigrieren und Asylschutz zu bekommen. Die These, die ich in diesem Aufsatz verteidigen will, ist, dass liberal verfasste Demokratien nicht nur einen solchen Anspruch, d. h. ein subjektives Recht auf Asyl, gewähren müssen, sondern vielmehr über den Schutz für Flüchtlinge hinaus-

2 Um eine allgemeingültige These zur gerechten Immigrationspolitik zu verteidigen, müsste man vorerst bestimmen, welche Art von Staat gerecht ist und dann aufzeigen, dass andere Staatsformen ihre entsprechende Immigrationspolitik nicht rechtfertigen können.

3 Gemäss Art. 1 des UNO-Abkommens über die Rechtsstellung der Flüchtlinge von 1951 (kurz: Genfer Flüchtlingskonvention, GFK), mit Einbeziehung des Zusatzprotokolls von 1967, gilt jede Person als Flüchtling, die vor Verfolgung wegen ihrer Rasse, Religion, Nationalität, Zugehörigkeit zu einer bestimmten sozialen Gruppe oder wegen ihrer politischen Überzeugung schutzlos ist. Zur detaillierten Bestimmung des Flüchtlingsbegriffs siehe Kälin (1990) S. 23–36.

reichende Verpflichtungen haben, grundsätzlich Immigranten aufzunehmen und ein individuelles Recht auf Immigration anzuerkennen. Um diese These zu verteidigen, werde ich mich auf die Liberalismustheorie von John Rawls stützen. Abschliessend werde ich einige Konsequenzen analysieren und kurz auf das Problem der Assimilation und Einbürgerung von Immigranten in liberalen Staaten zu sprechen kommen.

I. Internationales Asylrecht

Artikel 14 der Allgemeinen Menschenrechtserklärung der Vereinten Nationen aus dem Jahre 1948 lautet:

> Abs. 1:. «Jeder Mensch hat das Recht, in anderen Ländern vor Verfolgung Asyl zu suchen und zu geniessen.»
> Abs. 2: «Dieses Recht kann jedoch im Falle einer Verfolgung wegen nichtpolitischer Verbrechen oder wegen Handlungen, die gegen die Ziele und Grundsätze der Vereinten Nationen verstossen, nicht in Anspruch genommen werden.»[4]

Die Allgemeine Menschenrechtserklärung hat zwar auf die Entwicklung des modernen internationalen Rechts, auf völkerrechtliche Vereinbarungen und die Verfassungen der Nationalstaaten einen grossen Einfluss ausgeübt. Da die Menschenrechtserklärung als solche aber nicht rechtskräftig wurde und sich auch keine Institution etabliert hat, die die darin enthaltenen Artikel durchsetzen könnte, ist die Geltungskraft der Menschenrechte gegenüber staatlichen Rechtsordnungen unklar. Grundsätzlich stellt man fest, dass die Allgemeine

4 Zit. in Marx (1991), S. 459.

Menschenrechtserklärung nicht wie ein Gesetz wirkt, sondern eher wie eine überzeugende Idee und Vorstellung der Gerechtigkeit.[5]

Im Weiteren sehen wir, dass es kein allgemeines Menschenrecht auf Immigration oder Einwanderung gibt,[6] sondern nur ein befristetes Recht auf Asyl zum Schutz vor politischer Verfolgung. Während alle übrigen Artikel der UNO-Menschenrechtserklärung uneingeschränkt und zumindest dem Wortlaut nach absolut gelten, selbst solch weitreichende wie zum Beispiel Artikel 19, der das Recht auf freie Meinungsäusserung postuliert, wird der Asylartikel 14 in Abs. 2 relativiert, der individuelle Rechtsanspruch und die Mobilitätsfreiheit des Individuums an Bedingungen geknüpft oder einem Gesetzesvorbehalt unterstellt.

In Art. 14, Abs. 1, fällt zudem eine terminologische Eigenheit auf, die dahingehend interpretiert werden kann, dass das Recht auf Asyl keinen individuellen Anspruch auf Asylschutz verschafft. Dort heisst es, dass jeder Mensch das Recht hat, in anderen Ländern vor Verfolgung Asyl zu suchen und zu geniessen. Was bedeutet aber Asyl *geniessen* zu können? Kälin schreibt dazu:

> Wie die Entstehungsgeschichte der Bestimmung zeigt, war dieser – durch die Wortwahl nur dürftig verdeckte – Ausschluss eines menschenrechtlichen Anspruchs auf Asyl gewollt: Anträge, den Begriff ‹zu geniessen› durch ‹zu erhalten› zu ersetzen, wurden klar abgelehnt.[7]

5 Vgl. United Nations, The International Bill of Rights, New York, S. 1: «Seit ihrer Annahme hat die Deklaration der Menschenrechte weltweit einen breit gefächerten Einfluss, hat nationale Verfassungen und Gesetze ebenso wie internationale Vereinbarungen über spezifische Rechte *inspiriert.*» Kursivschrift d. V. Zit. in Parin (1998), S. 350.

6 Es gibt aber das korrespondierende Recht auf Auswanderung. Vgl. UNO Menschenrechtserklärung, Art. 13, Abs. 2: «Jeder Mensch hat das Recht, jedes Land, einschliesslich seines eigenen, zu verlassen sowie in sein Land zurückzukehren.»

7 Kälin (1990), S. 3.

Artikel 14, Abs. 1, garantiert nur das Recht jedes Menschen ‹vor Verfolgung Asyl zu suchen und› – einmal erhalten – ‹zu geniessen›. Zu Recht wurde darauf hingewiesen, dass die Staaten mit dieser Terminologie explizit jede Art von Verpflichtung, sowohl rechtlicher wie auch moralischer Art, gegenüber dem Asylsuchenden ablehnen und Asyl *nicht* als Menschenrecht anerkennen.[8] Asylrecht wird als Recht der Staaten verstanden und beinhaltet den Anspruch jedes Landes, auf Grund der territorialen Souveränität, unabhängig von der Gerichtsbarkeit anderer Staaten, Asyl gewähren oder verweigern zu dürfen.[9] Prägnant hierzu die Bemerkung von Goodwin-Gill:

> Die Praxis der Staaten lässt nur eine Schlussfolgerung zu: Das Individuum hat weiterhin kein Recht, Asyl zu erhalten. Das Recht gehört den Staaten, und die korrespondierende Pflicht – wenn es überhaupt eine gibt – ist die Pflicht anderer Staaten, die Erteilung von Asyl, als einen Akt eigenständiger Rechtsprechung, zu respektieren.[10]

Die *travaux préparatoires* zum Artikel 14 der Allgemeinen Erklärung der Menschenrechte zeigen zudem, dass nicht nur der menschenrechtliche Anspruch auf Asyl, sondern auch der Versuch, die UNO mit rechtlichen Mitteln auszustatten, um als Garant des Asylschut-

8 Siehe Lauterpacht (1950), S. 421, Kälin (1990), S. 3, Goodwin-Gill (1996), S. 174: «In regard to asylum, however, it will be seen that the argument for obligation fails, both on account of the vagueness of the institution and of the continuing reluctance of States formally to accept such obligation and to accord a right of asylum enforceable at the instance of the individual.» Vgl. auch die treffende Beschreibung bei Kimminich (1962), S. 81: «Das Recht, Asyl zu suchen, bedeutet nichts anderes als das Recht, sich auf die Flucht zu begeben.»

9 Siehe Kälin (1990), S. 2: «Das Asylrecht der Staaten beinhaltet die Freiheit jedes Landes, nach eigenem Belieben Flüchtlinge aufzunehmen oder abzuweisen.» Und Kälin (1990), S. 3: «Dem Konzept des Asyls als Recht der Staaten entspricht ein Fehlen subjektiver Ansprüche der Flüchtlinge auf Asyl im Sinne einer privilegierten Rechtsstellung.»

10 Goodwin-Gill (1996), S. 202. Übersetzung d.V.

zes und als Richter in umstrittenen Fällen fungieren zu können, auf heftigen Widerstand stiess und bei der Endabstimmung chancenlos blieb.[11] Erst wenn es erwiesen ist, dass der Asylsuchende gemäss Artikel 1(A), Abs. 2, der Genfer Flüchtlingskonvention, in seiner Heimat wegen seiner politischen Gesinnung, Rasse, Religion, Nationalität oder Zugehörigkeit zu einer bestimmten sozialen Gruppe[12] an Leib und Leben gefährdet ist, hat er überhaupt die Möglichkeit im aufnehmenden Land in den Genuss eines befristeten Asylschutzes zu kommen.

Obschon das internationale Asylrecht als Recht des Staates verstanden wird, und der Staat alleine entscheiden kann, ob Asylschutz gewährt wird oder nicht, können wir doch festhalten, dass im Völkerrecht gewisse minimale Ansprüche für Flüchtlinge stipuliert werden, die der Nationalstaat nicht einfach ignorieren kann. So schreibt Kälin:

11 Eine starke Rolle der UNO in Asylfragen wurde unter anderem von Frankreich vorgeschlagen, siehe Goodwin-Gill (1996), S. 175, und UN-Doc. A/C.3/244.

12 Nach zeitgenössischer Rechtsprechung kann die Zugehörigkeit zu einer bestimmten sozialen Gruppe auch auf Grund des Geschlechtes oder der sexuellen Präferenz des Individuums gegeben sein. Vgl. z. B. das Urteil des obersten britischen Berufungsgerichts im Fall: Islam (A. P.) v. Secretary of State for the Home Department Regina v. Immigration Appeal Tribunal and Another Ex Parte Shah (A. P.) (Conjoined Appeals). Darin sprachen sich die Lordrichter ausdrücklich für die Asylgewährung für zwei pakistanische Frauen aus, die wegen ihrer Zugehörigkeit zur bestimmten sozialen Gruppe der Frauen in ihrem Heimatland verfolgt würden. Der Begriff ‹bestimmte soziale Gruppe› muss nach dem Prinzip *eiusdem generis* mit den anderen Gründen für eine Verfolgung konsistent sein, also eine Eigenschaft betreffen, die das Individuum nicht ablegen kann oder von der ein liberaler Staate nicht verlangen kann, dass das Individuum sie ablegt. In seiner Urteilsbegründung hielt Richter Lord Steyn zudem fest: «I regard it as established that [...] homosexuals may in some countries qualify as members of a particular social group.» Siehe die Publikation des Urteils auf: http://www.parliament.the.stationary-office.co.uk.

> Allerdings gilt das Recht, über die Aufnahme von Flüchtlingen nach Gutdünken zu entscheiden, nicht unbegrenzt; es findet seine Schranken am Non-refoulement-Prinzip, d. h. am Verbot der Rückschiebung von Flüchtlingen in den Verfolgerstaat.[13]

Das Non-refoulement-Prinzip ist der minimale Standard und Grundsatz im Asylrecht. Im Prinzip ist der aufnehmende Staat verpflichtet, einen Flüchtling, der an Leib und Leben gefährdet ist, keinesfalls in das Land zurückzuschaffen, aus dem er fliehen musste.[14] Es begründet zwar kein Menschenrecht auf Asyl, aber doch ein völkerrechtlich garantiertes Recht, dem Zugriff der Staatsmacht, die die Menschenrechte des Flüchtlings bedroht und verletzt, entzogen zu bleiben. *De facto* ergibt sich aber sogleich eine Einschränkung dieser Verpflichtung und eine Begrenzung der Ansprüche auf Asylschutz, da die Gefährdung und Bedrohung des Asylsuchenden in seinem Heimatland nicht nach der tatsächlichen Gefährdung des Flüchtlings, sondern offensichtlich wiederum nach dem Ermessen des souveränen Zufluchtsstaates eingeschätzt wird. Selbst im Falle dieses minimalen Prinzips wird die Staatssouveränität höher gewertet als das Schutzbedürfnis verfolgter Menschen. Das heisst, jeder Staat kann ohne weiteres nach eigenem Belieben rechtskräftig entscheiden, dass der Asylsuchende entgegen seiner Beteuerung und entgegen der Meinung von internationalen Organisationen, keine Gefährdung oder Verfolgung im Heimatstaat zu befürchten hat, dass eine Rückschiebung in den Heimatstaat folglich erlaubt ist und das Non-refoulement-

13 Kälin (1990), S. 2.

14 Das Non-refoulement-Prinzip in GFK, Art. 33(1): «Keiner der vertragsschliessenden Staaten wird einen Flüchtling auf irgendeine Weise über die Grenzen von Gebieten ausweisen oder zurückweisen, in denen sein Leben oder seine Freiheit wegen seiner Rasse, Religion, Staatsangehörigkeit, seiner Zugehörigkeit zu einer bestimmten sozialen Gruppe oder wegen seiner politischen Überzeugung bedroht sein würde.» Marx (1991), S. 222. Siehe auch Kälin (1990), S. 210ff.

Prinzip nicht verletzt wird.[15] Der Staat kann die Gefährdung an Leib und Leben des Flüchtlings im Verfolgerstaat nach eigenem Gutdünken umschreiben oder interpretieren und vom Fehlen einer unabhängigen internationalen Kontrollinstanz profitieren, um den Asylschutz nach freiem Abwägen der verschiedenen Interessen, d. h. grundsätzlich nach eigenem Belieben zu gewähren oder zu verweigern. Völkerrechtliche Schranken gelten nur in formeller Hinsicht.

Eine weitere Einschränkung der individuellen Rechtsansprüche der Flüchtlinge folgt daraus, dass die Regelung der Rechtsstellung der Flüchtlinge in der Genfer Flüchtlingskonvention auf strikter Vertragsbasis zwischen den souveränen Staaten erfolgt, die als alleinige Parteien des Abkommens gelten. Zudem kann jeder vertragsschliessende Staat den Konventionsvertrag jederzeit kündigen.[16] Während die von der Zustimmung einzelner Staaten unabhängigen Prinzipien der Allgemeinen Menschenrechtserklärung zwar universell gelten, aber nicht rechtskräftig sind,[17] ist das Asylrecht, wie es in der GFK und im Zusatzprotokoll von 1967 festgehalten wird, nur für solche Staaten bindend, die diese Verträge unterschreiben. Die aus diesen Vereinbarungen entstehenden Obligationen der Staaten und spezifischen Rechtsansprüche der Flüchtlinge im Sinne des Non-refoulement-Prinzips sind also nur für eine bestimmte Art von Flüchtlingen, und nur für Staaten, die dem Abkommen beigetreten sind, rechtskräftig.

15 Siehe Kälin (1990), S. 212, Parin (1998), S. 352. Hier zeigt sich, dass es eine äussere, neutrale Institution geben müsste, die feststellen und rechtskräftig entscheiden kann, ob ein Asylsuchender gefährdet ist oder nicht. Versuche eine solche Institution zu begründen, blieben bis heute chancenlos, da die Staaten eine Einschränkung ihrer Souveränität und ihres Entscheidungsmonopols nicht in Kauf nehmen wollen.

16 Vgl. GFK, Art. 44(1), in: Marx (1991), S. 226.

17 Die allgemeinen Menschenrechte sind moralische Prinzipien und ein Ideal, das von allen Völkern und Nationen angestrebt werden soll. Ich sehe aber nicht, wie dies die einzelnen Staaten rechtlich binden könnte.

Der souveräne Nationalstaat kann alleine bestimmen, in welchem Ausmass die völkerrechtlichen Bestimmungen in seinem Gebiet rechtskräftig sein sollen. Das universelle Argument für eine gerechte und global wirksame Asylpolitik, unter alleiniger Berücksichtigung der minimalen Forderungen, scheitert an der rechtsbestimmenden Souveränität der einzelnen Staaten, die auf ihrem Gebiet alleine über das, was Recht und Unrecht ist, entscheiden können.[18] Kälin hält fest:

> Das Fehlen jeglicher Bereitschaft der internationalen Staatengemeinschaft, Flüchtlingen subjektive Ansprüche auf Asyl zu gewähren, zeigt deutlich, dass der Souveränität der Staaten immer noch ein höherer Rang als den Schutzbedürfnissen verfolgter und ihrer Menschenrechte beraubter Menschen beigemessen wird.[19]

Im Falle der Genfer Flüchtlingskonvention dürfen zwar Vertragsstaaten keinesfalls den Flüchtlingsbegriff gemäss Art. 1(A), Abs. 2, GFK restriktiver festlegen, indem sie z.B. die Verfolgung wegen der Rasse ausklammern, oder den Anforderungen widersprechen, die sich aus dem Non-refoulement-Prinzip ergeben. Die Vertragsstaaten sind aber bei der Interpretation der vorliegenden Voraussetzungen der Asylgewährung oder der Anwendung des Non-refoulement-Prinzips völlig frei. Die Staaten sollten sich zwar bei der Einschätzung der Lage im Herkunftsstaat des Flüchtlings an sachliche Kriterien halten. Allein der Zufluchtsstaat entscheidet aber, ob der Asylsuchende überhaupt als Flüchtling bezeichnet werden kann und ob er im Heimatstaat aus rechtlich relevanten Gründen verfolgt

18 Interventionsmöglichkeiten von aussen und ein Eingriff in die staatliche Souveränität ergeben sich nur bei massiven und groben Verletzungen der Menschenrechte, so zum Beispiel im Rahmen des Tribunals für Ex-Jugoslawien in Den Haag. Die Durchsetzung eines Interventionsrechtes ist aber ebenfalls willkürlich und die Voraussetzungen ungenügend bestimmt.

19 Kälin (1990), S. 2.

wird.[20] Widersprüche und Spannungen zwischen den Verheissungen des Rechtsinstituts Asyl, vor allem dem Non-refoulement-Prinzip und seiner Erfüllung in der Realität der Staatenpraxis, sind unausweichlich und können nur mit dem guten Willen der Zufluchtsstaaten gelöst werden. Der souveräne Staat bleibt unweigerlich Richter in eigener Sache. Subjektive Rechtsansprüche auf Asylgewährung, Asyl als Menschenrecht oder strenge Rechtspflichten zur Aufnahme von Flüchtlingen werden von den Nationalstaaten abgelehnt. Man geht sogar soweit, dass man Asylgewährung explizit humanitär begründet, um damit jeglicher Form von Rechtspflicht auszuweichen und eine die Souveränität tangierende Verpflichtung nicht anerkennen zu müssen.[21]

Das Rückschiebungsverbot nach dem Non-refoulement-Prinzip gemäss Art. 33 GFK würde einen Anspruch auf Schutz vor Menschenrechtsverletzungen rechtfertigen:

> Das Institut des Asyls erweist sich damit als wichtiges Instrument zum Schutz [...] wichtiger Menschenrechte. Dieser Aspekt würde – nähme man ihn wirklich ernst – die Anerkennung eines *menschenrechtlichen* Anspruchs auf Asyl

20 Dieser Ermessensspielraum erlaubt es der Schweiz u. a. Kurden in die Türkei auszuschaffen. Entscheidend ist also, ob jemand als ‹echter› Flüchtling bezeichnet wird oder nicht. Unter dem Druck von politischen Parteien, die den Kampf gegen Immigration zu ihrem Hauptziel gemacht haben und die öffentlich verlauten lassen, über 90 % der Asylsuchenden seien ‹falsche› Flüchtlinge und Schmarotzer, sieht sich der Bundesrat gezwungen, in der Interpretation von Art. 1(A), Abs. 2, und Art. 33 GFK immer restriktiver zu werden.

21 Dies galt unter anderem für Kriegs- und Gewaltflüchtlinge aus dem ehemaligen Jugoslawien, die kein subjektives Recht auf Asyl hatten, auf Grund humanitärer Überlegungen aber vorläufig Asyl erhielten. Zur vorläufigen Aufnahme von Kriegs- und Gewaltflüchtlingen verfasste der Bundesrat folgende Botschaft: «Aus humanitären Gründen, nicht als Folge einer von der Schweiz übernommenen völkerrechtlichen Verpflichtung, wird in solchen Fällen auf den Vollzug einer Wegweisung verzichtet.» Bundesblatt der schweizerischen Eidgenossenschaft BBI 1990 II 668. Zit. in Kälin (1990), S. 7.

> unausweichlich machen. Es bleibt zu hoffen, dass die Staatengemeinschaft diese Schlussfolgerung einmal akzeptieren wird. Heute ist sie dazu noch nicht bereit.[22]

Ist es utopisch zu denken, dass die Staatengemeinschaft eines Tages dazu bereit sein wird?

II. Das Recht auf Immigration in Rawls' Liberalismustheorie

In diesem Abschnitt werde ich die Meinung vertreten, dass man in einer liberalen Gesellschaft eine restriktive Asyl- und Immigrationspolitik, so wie sie heute *de facto* vorherrscht, nicht rechtfertigen kann. Indem ich die Begründungsmethode aus Rawls' Liberalismustheorie auf die Immigrationsproblematik anwende, werde ich vielmehr Argumente aufzeigen, die ein grundlegendes Recht auf Immigration und offenere Grenzen fordern.

1. Die Theorie der Gerechtigkeit als Fairness

Am aufschlussreichsten scheint es mir zu sein, wenn man Rawls' Staatstheorie als systematische Alternative zum Utilitarismus einerseits und zum Intuitionismus andererseits versteht.[23] Nach Rawls

22 Kälin (1990), S. 9. Kursivschrift d. V.

23 Rawls kritisiert einen epistemologisch neutralen Intuitionismus, vor allem weil diese Theorie keine Regeln zur Bestimmung der Priorität von einzelnen Rechtsprinzipien hat: «I shall think of intuitionism in a more general way than is customary. Intuitionist theories […] consist of a plurality of first principles which may conflict to give contrary directives in particular types of cases; […] they include no explicit method, no priority rules […] we are simply to strike

hat der Utilitarismus, besonders in seiner klassischen Form bei Bentham und Sidgwick,[24] einen gravierenden Mangel. Nach den Prinzipien des Utilitarismus gibt es nämlich keine Gründe:

> [...] warum die Verletzung der Freiheit einiger weniger nicht durch das grössere Wohl vieler anderer gutgemacht werden könnte.[25]

Nach Rawls widerspricht dieser völlig ungenügende Respekt der Individuen der Intuition von Gerechtigkeit. Nun kann aber diese Intuition allein nicht genügen, um eine Theorie der Gerechtigkeit zu begründen. Rein intuitionistische Theorien der Gerechtigkeit sind gekennzeichnet durch:

> [...] die hervorragende Rolle der Intuition, die von keinen ersichtlich ethischen Konstruktionskriterien angeleitet wird.[26]

Rawls schlägt eine systematische, alternative Theorie sowohl zum Utilitarismus als auch zum Intuitionismus vor. Diese Theorie nennt er ‹Gerechtigkeit als Fairness›. Sie stellt die folgenden Prinzipien der Gerechtigkeit für Gesetze und soziale Institutionen auf:

---

a balance by intuition, by what seems to us most nearly right.» Rawls (1971), S. 34. Ebenso richtet sich Rawls' Theorie gegen den Utilitarismus: «My aim is to work out a theory of justice that represents an alternative to utilitarian thought generally and so to all of these different versions of it.» Rawls (1971), S. 22.

24 Rawls definiert die Grundthese des klassischen Utilitarismus folgendermassen: «The main idea is that society is rightly ordered, and therefore just, when its major institutions are arranged so as to achieve the greatest net balance of satisfaction summed over all the individuals belonging to it.» Siehe Rawls (1971), S. 22.

25 Rawls (1990), S. 44; Originalversion siehe Rawls (1971), S. 26.

26 Rawls (1990), S. 59; Originalversion siehe Rawls (1971), S. 40: «[...] the especially prominent place that they give to the appeal to our intuitive capacities *unguided* by constructive and recognizably ethical criteria.» Kursivschrift d. V.

> Erster Grundsatz: Jedermann hat gleiches Recht auf das umfangreichste Gesamtsystem gleicher Grundfreiheiten, das für alle möglich ist.
> Zweiter Grundsatz: Soziale und wirtschaftliche Ungleichheiten müssen folgendermassen beschaffen sein:
> (a) sie müssen [...] den am wenigsten Begünstigten den grösstmöglichen Vorteil bringen, und
> (b) sie müssen mit Ämtern und Positionen verbunden sein, die allen gemäss fairer Chancengleichheit offen stehen.[27]

Diese zwei Prinzipien sind lexikalisch geordnet, so dass das erste Prinzip Vorrang hat gegenüber dem zweiten Prinzip. Gleiche Freiheit für alle stellt das oberste Ziel der Gerechtigkeit als Fairness dar und darf keinesfalls wegen anderer konkurrierender Prinzipien eingeschränkt werden.[28] Das erste Prinzip schützt die so genannten *basic liberties* der liberalen Demokratie, d.h. vor allem die politischen Grundrechte, aber auch das Recht auf freie Meinungsäusserung, die Versammlungsfreiheit und die Religionsfreiheit sowie Rechte auf Eigentum und Verfahrensrechte zum Schutze vor willkürlicher Verhaftung.[29] Alle Menschen haben ein Recht auf diese Freiheiten, solange dadurch die Freiheit des anderen nicht eingeschränkt wird. Man darf diese Grundfreiheiten nur einschränken, z.B. durch Redeverbot oder Gefängnisstrafe, wenn sie missbraucht werden und die Grundfreihei-

27 Die Liste der Grundsätze in Rawls (1990), S. 336–337; Originalversion, siehe Rawls (1971), S. 302–303: «First Principle: Each person is to have an equal right to the most extensive total system of equal basic liberties compatible with a similar system of liberty for all. Second Principle: Social and economic inequalities are to be arranged so that they are both: (a) to the greatest benefit of the least advantaged, [...] and (b) attached to the offices and positions open to all under conditions of fair equality of opportunity.»

28 Rawls (1971), S. 302: «The principles of justice are to be ranked in lexical order and therefore liberty can be restricted only for the sake of liberty.»

29 Siehe Rawls (1971), S. 61.

ten der anderen Menschen gefährden.[30] Die Bedingung (b), das Prinzip der fairen Chancengleicheit *(principle of fair equality of opportunity)*, hat gegenüber dem Unterschiedsprinzip *(difference principle)* (a) Priorität.[31]

2. Die Methode

Das grundlegende Verfahren, das Rawls anwendet, um die Prinzipien der Gerechtigkeit als Fairness zu begründen, ist der Gesellschaftsvertrag aus dem Urzustand.[32] Nach Rawls' führt der hypothetische Gesellschaftsvertrag aus dem Urzustand zu einem bestimmten Begriff der Gerechtigkeit. Die Prinzipien der Gerechtigkeit, die in diesen Vertrag aus dem Urzustand aufgenommen werden, sind vernunftgegebene institutionelle Prinzipien und stellen das Ideal der bestmöglichen Gerechtigkeit für Menschen dar. Bei Rawls hat der Gesellschaftsvertrag aus dem Urzustand die Rolle einer so genannten *moral proof procedure*.[33] Hier lässt sich Rawls von Kant inspirie-

30 Siehe Rawls (1971), S. 241 und S. 314–315, zur Begründung von Strafe zum Schutz der Freiheit.

31 Rawls (1971), S. 302–303.

32 Darunter darf man sich nicht eine reale ursprüngliche Situation vorstellen. Es handelt sich vielmehr um ein Konstrukt in einem Gedankenexperiment. Der Urzustand stellt eine hypothetische Situation dar. Siehe auch Rawls (1971), S. 12: «In justice as fairness the original position of equality corresponds to the state of nature in the traditional theory of the social contract. This original position is not, of course, thought of as an actual historical state of affairs, much less as a primitive condition of culture. It is understood as a purely hypothetical situation characterized so as to lead to a certain conception of justice.»

33 Diese Meinung vertritt unter anderem Scanlon. Siehe Scanlon (1982), in: Sen, A. / Williams, B. (Hg.), Utilitarianism and beyond, S. 103–128.

ren.[34] Aus dieser hypothetischen Vertragssituation geht nach Rawls die beste Form der vollkommen gerechten Gesellschaft hervor, und diese wird nach den Prinzipien der Gerechtigkeit als Fairness geregelt.

Um sicherzustellen, dass die Menschen im Urzustand frei sind von jeglichen Vorurteilen, nicht getrieben sind von Rassenhass oder Menschenverachtung und ihre Wahl einer Theorie der Gerechtigkeit nicht durch individuelle Präferenzen und Abneigungen verfälscht wird, befinden sich die Menschen im Urzustand hinter dem «Schleier des Nichtwissens» *(veil of ignorance)*. Hinter diesem Schleier wissen sie nichts über ihre Position in der Gesellschaft, über ihre Rasse oder Herkunft, ihr Geschlecht, ihre Intelligenz oder Kraft, sie wissen nichts, was ihren Entscheid verfälschen könnte.[35] Auf diese Weise soll Unparteilichkeit erzeugt werden. Die Individuen im Urzustand sind hinter dem Schleier des Nichtwissens aber eindeutig rationale, auf ihr eigenes Interesse bedachte Personen. Sie streben

34 Siehe Rawls (1971), S. 12. Dass sich Rawls auch hier auf Kant beruft, zeigt nicht zuletzt die Tatsache, dass er im gleichen Zug, in dem er den hypothetischen Urzustand einführt, auf Passagen aus Kants Werk hinweist, insbesondere auf Kants «Metaphysik der Sitten» §§ 47,52 und Kants «Über den Gemeinspruch: Das mag in der Theorie richtig sein, taugt aber nicht für die Praxis» II. Teil, in: Kant (1988), S. 268: «[…] eine *blosse Idee* der Vernunft, die aber ihre unbezweifelte (praktische) Realität hat: nämlich jeden Gesetzgeber zu verbinden, dass er seine Gesetze so gebe, als sie aus dem vereinigten Willen eines ganzen Volkes haben entspringen *können*, und jeden Untertan, sofern er Bürger sein will, so anzusehen, als ob er zu einem solchen Willen mit zusammengestimmt habe. Denn das ist der Probierstein der Rechtmässigkeit eines jeden öffentlichen Gesetzes.» Kursivschrift im Original.

35 Siehe Rawls (1971), § 24, S. 136–142. Vgl. auch Rawls (1971), S. 18: «We should insure further that particular inclinations and aspirations, and persons' conceptions of their good do not affect the principles adopted. The aim is to rule out those principles that it would be rational to propose for acceptance, however little the chance of success, only if one knew certain things that are irrelevant from the standpoint of justice.»

einen Gesellschaftsvertrag an, der ihnen Freiheiten und Rechte sichert. Sie wissen aber nicht, welche individuellen Interessen sie haben werden.[36]

Für Rawls ist die Ausgangslage im Urzustand also folgende: Niemand kann wissen, welche Stellung er in der Gesellschaft tatsächlich einnehmen und welche individuellen Präferenzen und Wünsche er haben wird. Hinter dem Schleier des Nichtwissens wählen die Menschen unter idealen Bedingungen diejenigen Grundsätze der Gerechtigkeit, die jedem Einzelnen, auch für den Fall späterer nicht-idealer Verhältnisse, annehmbar erscheinen, selbst wenn ihm die schlechteste Position in der Gesellschaft zufallen sollte. Die Prinzipien der Gerechtigkeit, die in der idealen, wohlgeordneten Situation des Urzustandes festgelegt werden, sind nach Rawls die einzigen, die tatsächlich gerecht sein können; sie sind entscheidende Vorgaben für die Rechtsordnung unter nicht-idealen Voraussetzungen.[37] Wie können die Menschen aber unter diesen Umständen wissen, welche Prinzipien der Gerechtigkeit sie auswählen sollen?

Der entscheidende Punkt ist, dass es bestimmte Dinge gibt, von denen jeder weiss, dass er sie haben will oder brauchen wird, um ein glückliches und gutes Leben führen zu können. Dies sind in erster Linie die Grundgüter des Lebens *(primary goods)*.[38] Die wichtigsten Grundgüter sind die gesellschaftlichen Grundgüter, also Rechte, Frei-

36 Rawls (1971), S. 142: «This means that while they know that they have some rational plan of life, they do not know the details of this plan, the particular ends and interests which it is calculated to promote.»

37 Siehe Rawls (1971), S. 241, S. 245 ff. und S. 391.

38 Rawls (1971), S. 93: «While the persons in the original position do not know their conception of the good, they do know, I assume, that they prefer more rather than less primary goods. And this information is sufficient for them to know how to advance their interests in the initial situation.»

heiten, Chancen, Vermögen und Einkommen.[39] Nach Rawls wählen die Menschen im Urzustand die beiden Prinzipien und die Prioritätsregeln der Theorie der Gerechtigkeit als Fairness, weil sie die bestmögliche und gerechteste Verteilung dieser Grundgüter sicherstellen. Eine ungleiche Verteilung dieser Güter ist ungerecht, es sei denn, sie verbessert die Lage der am wenigsten Begünstigten.

Da ich im Urzustand nicht wissen kann, in welcher gesellschaftlichen Position ich mich wieder finden werde, muss ich mich in allen möglichen Positionen vorstellen, als Mann und als Frau, schwach oder kräftig, vermögend oder arm, krank oder gesund, insbesondere als weniger Begünstigter, also zum Beispiel als Behinderter, als Immigrant, als Bettler usw., um feststellen zu können, welcher Vertrag für alle diese Fälle am ehesten meine Situation verbessern würde. Die Personen im Urzustand wissen, dass diese Positionen in der Gesellschaft vorkommen. Jedes Individuum wird einen Gesellschaftsvertrag anstreben, der ihm, in welcher Situation er sich auch wieder finden wird, den besten Zugang zu den Grundgütern sichert. Die beteiligten Akteure (parties) in der hypothetischen Position wissen zudem, dass die Ressourcen limitiert sind und dass die Individuen in der neuen Gesellschaft Charaktereigenschaften von gewöhnlichen Menschen haben werden, dass es also Missgunst, Neid und Egoismus geben wird. Man kann sich folglich nicht auf aussergewöhnliche Wohltätigkeit der Mitmenschen verlassen, sondern muss dafür besorgt sein, dass eine gerechte Gesellschaftsordnung die Wohlfahrt aller Menschen sichern kann. Im Urzustand wissen die Menschen nicht, welche Charaktereigenschaften und welche Präferenzen sie

39 Rawls (1971), S. 62. Zum Grundgut der Selbstachtung siehe Rawls (1971), S. 440–446. Siehe auch Rawls (1971), S. 62: «Other primary goods such as health, vigor, intelligence and imagination, are natural goods; although their possession is influenced by the basic structure, they are not so directly under its control.»

haben; sie wissen auch nicht, ob sie mutig sind und ein Risiko eingehen wollen, indem sie sich z. B. diktatorische Prinzipien wünschen und darauf spekulieren, selbst Diktator zu sein, um allein über alle Grundgüter und Ressourcen verfügen zu können.[40] Sie wissen nur, dass sie ein eigenes Leben führen müssen. Sie wollen, dass dieses Leben glücklich ist.

Nach Rawls werden die rationalen Individuen unter diesen Umständen ihren Gesellschaftsvertrag nach der so genannten Maximin-Regel bestimmen.[41] Diese besagt, dass sich die beteiligten Akteure so entscheiden müssen, dass ihnen selbst in der Minimum-Situation, also in der Lage des am wenigsten Begünstigten, ein Maximum an Grundgütern zusteht. Sie müssen sich für eine Gesellschaft entscheiden, in der die schlechteste Position ein glücklicheres Leben ermöglicht und einen sichereren Zugang zu den Grundgütern gewährleistet als die schlechteste Position in jeder anderen möglichen denkbaren Gesellschaft. Die Ausgangssituation im Urzustand, in der der Entscheid für oder gegen eine bestimmte Theorie der Gerechtigkeit und die entsprechenden Prinzipien getroffen wird, ist fair und unvoreingenommen.[42] Der Entscheid selber ist allein von Nutzenüberlegungen und Eigeninteresse geleitet.

40 Nach Rawls können sie hinter dem *veil of ignorance* nicht wissen, ob sie eher risikofreudig sind oder nicht: «The essential thing is not to allow the principle chosen to depend on special attitude towards risk. For this reason the veil of ignorance also rules out the knowledge of these inclinations: the parties do not know whether or not they have a characteristic aversion to taking chances.» Rawls (1971) S. 172. Eigentlich müsste man aber sagen, dass sie keine Risikobereitschaft haben. Die Wahl der Prinzipien der Gerechtigkeit als Fairness setzt Risikoscheu voraus.

41 Rawls (1971), S. 155 f.

42 «Since all are similarly situated and no one is able to design principles to favor his particular condition, the principles of justice are the result of a fair agreement.» Rawls (1971), S. 12.

Die Akteure in der hypothetischen Situation werden Rawls' Theorie und Prinzipien der Gerechtigkeit als Fairness auswählen, um sicher zu sein, dass sie auch in der Situation des am wenigsten Begünstigten einen sicheren Zugang zu gesellschaftlichen Grundgütern haben und in ihren Rechten und Freiheiten geschützt werden, aber auch dass, falls sie zu den Begünstigten und Glücklicheren gehören werden, sie diese Stellung nicht einer allgemeinen Gleichmacherei opfern müssen. Wenn sie nicht wissen können, welche Stellung sie in der Gesellschaft einnehmen werden, können nach Rawls alle Menschen nur diese Theorie annehmen. Ein Vertrag, der nicht hinter dem Schleier des Nichtwissens erstellt wird und dem nur diejenigen zustimmen können, die sich unter diesen Umständen gewisse Vorteile erhoffen, würde eine ungerechte Gesellschaft zur Folge haben.[43]

Inwiefern trägt nun Rawls' Methode der Alltagsintuition der Gerechtigkeit Rechnung?

Zunächst halte ich fest, dass man nach Rawls eine bestimmte Art des Urzustandes nicht nur mit dem Hinweis auf dessen überzeugende formelle Merkmale rechtfertigen kann, sondern auch, indem man die daraus hervorgehenden Prinzipien mit den alltäglichen Vorstel-

43 Obschon Kants Konzeption des Gesellschaftsvertrags sich von Rawls Idee in vielerlei Hinsicht unterscheidet, weist Rawls immer wieder auf Kant als geistigen Vorvater seines Gesellschaftsvertrags aus dem Urzustand hin. Siehe z. B. Kant (1988), S. 269: «Ist nämlich dieses [das öffentliche Gesetz oder der Gesellschaftsvertrag, d. V.] so beschaffen, dass ein ganzes Volk *unmöglich* dazu seine Einstimmung geben *könnte* (wie z. B. dass eine gewisse Klasse von *Untertanen* erblich den Vorzug des *Herrenstandes* haben sollte), so ist es nicht gerecht; [...].» Kursivschrift im Original. Diese These zeigt auch, dass alles davon abhängig ist, was man als *das Volk* bezeichnet. Bei Kant umfasst es, um gegen den Erbadel argumentieren zu können, alle Staatsbürger, d. h. nur Männer mit Eigentum und Stimmrecht, aber keine Diener oder Arbeiter und schon gar nicht Frauen oder Fremde.

lungen der Gerechtigkeit vergleicht.[44] Wir untersuchen, ob diese Prinzipien uns helfen können, in Situationen, in denen unsere Intuitionen zweifelhaft und unsere Urteile unsicher sind, eine Lösung zu finden, die wir voll unterstützen können; oder wir schauen, ob wir durch die Anwendung dieser Prinzipien zu gleichen Urteilen über Gerechtigkeit kommen, wie wir sie intuitiv und mit der grössten Zuversicht vertreten. Die Prinzipien der Gerechtigkeit werden in einem Urzustand erarbeitet, der durch wechselseitiges Reflektieren über die theoretische Erkenntnis in einer Situation der Unparteilichkeit fern vom Alltag und über Urteile und Intuitionen, auf die wir uns im Alltag verlassen, geformt wird. Wir verändern bald die hypothetische Situation, bis daraus Prinzipien hervorgehen die mit unseren Urteilen übereinstimmen, bald passen wir unsere Urteile und Vorstellungen an die hervorgegangenen Prinzipien an. Mit dieser Methode werden die theoretischen Erkenntnisse und die allgemeinen Intuitionen und Überzeugungen von Gerechtigkeit aufeinander abgestimmt.

Dieses Verfahren nennt Rawls die Methode des reflektiven Gleichgewichts (reflective equilibrium).[45] Es dient Rawls dazu, allgemein die Gültigkeit oder Ungültigkeit von Urteilen oder Intuitionen des Alltags und darauf abgestützter Gerechtigkeitstheorien oder moralischer Prinzipien zu prüfen. Wir streben nach einem reflektiven Gleichgewicht, indem wir unsere Intuitionen der Gerechtigkeit mit der Theorie, die wir konstruieren, den Prinzipien und den sich daraus ergebenden Schlussfolgerungen aufeinander abstimmen. Ausgangs-

44 Siehe Rawls (1971), S. 19: «There is, however, another side to justifying a particular description of the original position. This is to see if the principles which would be chosen match our considered convictions of justice or extend them in an acceptable way.»

45 Ein erster Entwurf dieser Methode findet sich bereits in Rawls Aufsatz von 1951 «Outline of a Decision Procedure for Ethics», in: Rawls (1999a), S. 1–19.

punkt sind die alltäglichen Überzeugungen, Vorstellungen oder Urteile[46] der Menschen über Gerechtigkeit und Moral, nach denen sie gewöhnlich ihr Verhalten richten.[47] Sie werden bestimmten Prinzipien einer Theorie der Gerechtigkeit gegenübergestellt und man geht der Frage nach, ob die Überzeugungen des Alltags mit diesen Prinzipien übereinstimmen.[48] Dabei werden nur diejenigen Überzeugungen der Gerechtigkeit geltend gemacht, die als wohlabgewogen gelten können (considered convictions of justice), das heisst solche, die man mit Bestimmtheit vertritt und die aus Unbefangenheit und aus vollem Urteilsvermögen entspringen. Weggelassen werden insbesondere Urteile, die unter Verwirrung oder Angst zustande kommen oder ungebührlich von eigenen Interessen beeinflusst sind.[49]

> Man kann ja feststellen, ob die Anwendung dieser Grundsätze uns zu denselben Urteilen über die Grundstruktur der Gesellschaft führen würde, die wir jetzt intuitiv und mit grösster Überzeugung fällen; oder ob in solchen Fällen, in denen wir jetzt mit Zweifel und Zögern urteilen, diese Grundsätze eine Lösung liefern, der wir uns nach Überlegung anschliessen können.[50]

Rawls lässt dabei seine Theorie der Gerechtigkeit als Fairness mit anderen Theorien der Gerechtigkeit und den entsprechenden Prinzi-

46 In der Diskussion über das reflektive Gleichgewicht verwendet Rawls die Begriffe: conviction, conception, judgement gleichbedeutend. Sie bezeichnen eine konkrete moralische Entscheidung, die einer Intuition und nicht einer Anwendung von Prinzipien entspringt.

47 Siehe Rawls «The Independence of Moral Theory», in: Rawls (1999a), S. 288: «But one thing is certain: people profess and appear to be influenced by moral conceptions.»

48 Siehe auch Hampton (1997), S. 140: «We strive, he says, for reflective equilibrium, in which our intuitions, duly examined and considered (or what Rawls calls our ‹considered convictions›), match the theories (and their conclusions) that we construct.»

49 Siehe Rawls (1971), S. 47.

50 Rawls (1990), S. 37; Originalversion siehe Rawls (1971), S. 19.

pien in einen argumentativen Wettstreit treten. Man prüft, welche von diesen Theorien oder welche ihrer möglichen Weiterentwicklungen im Verfahren des reflektiven Gleichgewichts am meisten überzeugen. Die Prinzipien dieser Theorien werden mit den wohlabgewogenen Urteilen konfrontiert und falls nötig revidiert. Gleichzeitig dienen die Prinzipien dazu, die Gerechtigkeitsüberzeugungen zu überprüfen. Es liegt also ein Rückkoppelungsverhältnis vor. Beide Pole im reflektiven Gleichgewicht – die Prinzipien und die Überzeugungen – können revidiert werden. Das methodische Ziel des Verfahrens ist es, eine Kohärenz zwischen den theoretischen Prinzipien der Gerechtigkeit und den individuellen, wohlabgewogenen Überzeugungen und Intuitionen herzustellen. Reflektives Gleichgewicht ist dann erreicht, wenn eine Theorie der Gerechtigkeit mit den Intuitionen der Gerechtigkeit übereinstimmt, die sowohl revidiert als auch neu bestimmt werden können.[51] Dies ist nach Rawls für die Theorie der Gerechtigkeit als Fairness der Fall.

3. Der hypothetische Urzustand und das Recht auf Immigration

Rawls geht auf das Problem der Immigration, das heisst den Wechsel von einem Staat in den anderen nicht ein. Um bestimmen zu können, was die Akteure im Urzustand bezüglich der Immigrationspolitik entscheiden würden, müssen wir eine Antwort auf die Frage finden, welche Form von Gemeinschaft bei Rawls aus dem Urzustand hervorgeht. Sind es Nationen, ist es ein Weltstaat oder sind es geschlossene Gesellschaften?[52] Gelten die Rechte und Prinzipien der

51 Cohen (1995), S. 65: «Reflective equilibrium is achieved when a theory of justice is in harmony with (possibly revised or regimented) intuitions about justice.»

52 Zum Begriff ‹geschlossene Gesellschaften› – *closed societies* siehe Rawls (1999b), S. 26.

Theorie der Gerechtigkeit als Fairness nur für eine lokale oder nationale Gemeinschaft oder global, d.h. tatsächlich für alle Menschen? Zunächst bezieht sich Rawls Theorie allein auf eine geschlossene und wohlgeordnete Gesellschaft *(well-ordered society)*;[53] die Prinzipien der Gerechtigkeit werden ausschliesslich lokal angewendet; die Rechte und Pflichten gelten nur innerhalb einer bestimmten Gesellschaft. Dies entspricht Rawls' ursprünglichem Ziel, eine Gerechtigkeitstheorie in einer vorerst geschlossenen Gesellschaft zu bestimmen.[54] Durch diese Einschränkung auf ein geschlossenes System lässt Rawls vorderhand Fragen betreffend der Gerechtigkeit *zwischen* verschiedenen Gesellschaften und betreffend völkerrechtlicher Prinzipien, sowie Probleme der Immigration, d.h. Rechtsverhältnisse zwischen Staaten und Individuen aus fremden Staaten, beiseite.[55] Dass diese aber thematisiert werden müssen, hält Rawls unter anderem im Aufsatz «The Law of Peoples» fest:

53 Eine wohlgeordente Gesellschaft ist ein geschlossenes, selbsttragendes System, das den Bedingungen umfassender Öffentlichkeit genügt. Ihre Bürger werden als freie und gleiche moralische Personen betrachtet. Jeder anerkennt dieselben Gerechtigkeitsprinzipien und weiss, dass dies alle tun. Siehe Rawls (1971), S. 8 und S. 453 ff.

54 Rawls (1971), S. 8: «I shall be satisfied if it is possible to formulate a reasonable conception of justice for the basic structure of society conceived for the time being as a closed system isolated from other societies.»

55 In «A Theory of Justice», sec. 58, kommt Rawls, im Rahmen einer Diskussion um Militärverweigerung aus Gewissensgründen, kurz auf völkerrechtliche Fragen zu sprechen, siehe Rawls (1971), S. 377–380. Ansonsten gilt, was er in seinem Aufsatz «Kantian Constructivism in Moral Theory» festhält: «I am leaving aside […] questions of justice between societies (the law of nations). […] no attempt was made in *A Theory of Justice* to discuss these questions.» Rawls (1999a), S. 311, und weiter: «Finally, a well ordered society is a closed system; there are no significant relations to other societies, and no one enters from without […].» Rawls (1999a), S. 323.

> Jede Gesellschaft muss eine Konzeption haben, wie sie mit anderen Gesellschaften verbunden ist und wie sie sich ihnen gegenüber verhalten soll. Sie lebt mit diesen in der gleichen Welt und [...] sie muss bestimmte Ideale und Prinzipien formulieren, um die Politik gegenüber anderen Völkern zu steuern.[56]

Wie wir sehen werden, ist der hypothetische Urzustand durchaus auch global zu verstehen, so dass man unter anderem auch eindeutige Aussagen zur Immigrationspolitik machen, und insbesondere einen subjektiven Anspruch auf Asyl und ein Recht auf Immigration festhalten kann. Es wird deutlich werden, dass man die Methode des Gesellschaftsvertrages aus dem hypothetischen Urzustand in der Tat auch auf Fragen des internationalen Rechts und auf das Verhältnis zwischen verschiedenen Staaten und zwischen Staaten und Immigranten anwenden kann. Der Urzustand, reduziert auf das Konstrukt einer geschlossenen Gesellschaft, ist eine von Rawls absichtlich gewählte Variante, die verändert werden kann, um zum Beispiel mehrere Gesellschaften oder Staaten und entsprechend auftretende Fragen der zwischenstaatlichen Gerechtigkeit und der Immigration von einer Gesellschaft in die andere in die hypothetischen Entscheidungssituation einbeziehen zu können.

In der folgenden Argumentation bediene ich mich der Methode des hypothetischen Urzustandes und des Schleiers des Nichtwissens. Ich werde von einer globalen hypothetischen Ursituation ausgehen, in der die Frage gestellt wird, ob es eine Pluralität von Staaten und die Institution des Nationalstaates geben soll, und wenn ja, unter welchen Bedingungen. Bevor ich dieses Gedankenexperiment durchführe, werde ich zeigen, dass es von Rawls als Variante der Methode des Urzustandes als Argumentationsstrategie ohne weiteres akzeptiert wird, und dass es von Rawls selber ins Auge gefasst wurde.

56 Rawls (1999a) «The Law of Peoples», S. 530; Übersetzung d. V.

Rawls ist in erster Linie an der Bestimmung der Prinzipien der Gerechtigkeit für den Anwendungsfall einer geschlossenen, wohlgeordneten Gesellschaft interessiert. Er geht aber davon aus, dass mit einer annehmbaren Gerechtigkeitstheorie für diesen Fall auch Gerechtigkeitsprobleme, die über die geschlossene Gesellschaft hinaus reichen, gelöst werden können.[57]

Sein Verfahren fasst Rawls folgendermassen zusammen:

> Ich werde ganz einfach von der Idee ausgehen, dass wir vernünftigerweise mit der Grundstruktur einer Gesellschaft als ein geschlossenes, autarkes Kooperationssystem beginnen können. Wenn wir für diesen Fall eine passende Konzeption gefunden haben, können wir sowohl nach Innen weiter arbeiten, um Prinzipien für Vereinigungen und Praktiken zu finden, als auch nach Aussen, hin zu einem Recht der Völker [...].[58]

Für unsere Zwecke ist es bedeutsam, dass Rawls durchaus der Meinung ist, dass die Methode des Gesellschaftsvertrages aus dem hypothetischen Urzustand nicht nur sinnvoll zur Bestimmung der Gerechtigkeit innerhalb einer geschlossenen Gesellschaft, sondern auch zwischen verschiedenen Gesellschaften oder Staaten angewendet werden kann.[59] In «The Law of Peoples» verwendet er die Methode des Gesellschaftsvertrages aus dem Urzustand, um liberale Prinzipien, die weitgehend den Prinzipien der Gerechtigkeit als Fairness entsprechen (und sich vorerst nur auf geschlossene demokratische Staaten

57 Rawls (1971), S. 8.

58 Rawls (1999a) «Kantian Constructivism in Moral Theory», S. 311 f.; Übersetzung d. V.

59 Siehe «Kantian Constructivism in Moral Theory» (1980), «Justice as Fairness: Political not Metaphysical» (1985), «The Domain of the Political and Overlapping Consensus» (1989) und «The Law of Peoples» (1993), alle in: Rawls (1999a), S. 303–358, S. 388–414, S. 473–496 respektive S. 529–564. Insbesondere «The Law of Peoples», S. 530–533 zur Universalisierbarkeit seiner konstruktivistischen Doktrin des Gesellschaftsvertrages und S. 533–536 sowie S. 544–551 zur globalen Perspektive im hypothetischen Urzustand.

beziehen), auf die globale Staatengemeinschaft auszuweiten und ein Recht der Völker zu verteidigen.[60] In der Einleitung geht Rawls folgender Frage nach: Warum gehen wir eigentlich von geschlossenen, wohlgeordneten und isolierten Gesellschaften aus, um Probleme der globalen Gerechtigkeit, der zwischenstaatlichen Rechtsprinzipien und, in der Folge, der Rechte von Immigranten gegenüber Staaten zu erörtern und zu lösen?[61] Denn:

> Wäre es nicht besser mit der Welt als Ganzes zu beginnen, mit einem globalen Urzustand sozusagen, um dann die Frage zu diskutieren, ob und in welcher Form es überhaupt Staaten oder Völker geben soll?[62]

Bereits in einem früheren Aufsatz hielt Rawls fest, dass er schon in «A Theory of Justice» die Meinung vertreten hat, dass die Methode des Urzustandes nicht nur für eine geschlossene Gesellschaft, sondern auch auf höherer, d.h. globaler, Stufe zur Bestimmung von internationalen Rechtsprinzipien und zwischenstaatlicher Gerechtigkeit verwendet werden kann.[63] Könnte man nicht mit einem globalen Urzustand beginnen, in dem die Beteiligten hinter dem Schleier des Nichtwissens globale Prinzipien der Gerechtigkeit und ein Recht der

60 Siehe Rawls (1999a) «The Law of Peoples», S. 529f. Rawls versteht *law of peoples* im Sinne des traditionellen *ius gentium intra se.* Er unterscheidet dieses Recht vom internationalen Recht oder Völkerrecht, da es sich beim *law of peoples* nicht um positives Recht handelt, sondern um eine Sammlung von politischen Vorstellungen *(family of political concepts)* mit bestimmten Rechtsprinzipien.

61 Siehe Rawls (1999a) «The Law of Peoples», S. 533–535.

62 Rawls (1999a) «The Law of Peoples», S. 535; Übersetzung d.V.

63 «In Theory of Justice, pp. 377–379, I noted briefly how, after the principles of justice have been adopted for the basic structure of society (viewed as a closed scheme of cooperation), the idea of the original position can be used once more at the higher level. […]. We start with (closed) societies and build up to the international society of states.» Rawls (1999a) «The Domain of the Political and Overlapping Consensus», S. 492/Fn. 46.

Völker bestimmen, anstatt die Entscheidungssituation zuerst auf eine geschlossene Gesellschaft zu beschränken? Rawls fährt in «The Law of Peoples» fort:

> Wie zuvor erwähnt, könnte man das Recht der Völker bestimmen, indem man von einem allumfassenden Urzustand ausgeht mit Repräsentanten aller Individuen der Welt. In diesem Fall würde die Frage, ob es verschiedene Gesellschaften geben und wie das Verhältnis zwischen diesen Gesellschaften geregelt werden soll, hinter dem Schleier des Nichtwissens entschieden.[64]

Rawls übernimmt zwar diese Vorgehensweise nicht, hauptsächlich deshalb, weil er bereits bei der Ausarbeitung der Gerechtigkeit als Fairness von der geschlossenen Gesellschaft ausgegangen ist.[65] Rawls meint, dass die unmittelbare Anwendung seiner Methode, die durchwegs liberale Charaktereigenschaften hat, auf globaler Ebene mit allen möglichen Gesellschaften zu Schwierigkeiten führt, da man die liberalen Voraussetzungen nicht auf alle Gesellschaftsformen und Kulturen anwenden kann, und nicht anwenden sollte, da sonst das Fundament des Rechts der Völker zu eng gefasst würde und eine starke ausgrenzende Funktion hätte.[66] Die Methode kann aber angewendet werden, wenn man sich auf die liberalen Gesellschaften auf der globalen Ebene beschränkt. Und es sind eben diese Vorstellungen oder Voraussetzungen, die unsere Schlussfolgerungen für die

64 Rawls (1999a) «The Law of Peoples», S. 549; Übersetzung d. V.

65 «Since in working out justice as fairness I begin with domestic society, I shall continue from there as if what has been done so far is more or less sound.» Rawls (1999a) «The Law of Peoples», S. 536.

66 «The difficulty with an all-inclusive, or global, original position is that its use of liberal ideas is much more troublesome, for in this case we are treating all persons, regardless of their society and culture, as individuals who are free and equal, and as reasonable and rational, and so according to liberal conceptions. This makes the basis of the law of peoples too narrow.» Rawls (1999a) «The Law of Peoples», S. 549 f.

Immigrationspolitik in liberalen Gesellschaften nahe legen. Bei einer Einschränkung auf liberale Gesellschaften, wie in meinem vorliegenden Aufsatz, macht für Rawls diese alternative Vorgehensweise durchaus Sinn. Brian Barry führt in seinem Werk «Theories of Justice» verschiedene Argumente für diese globale Vorgehensweise ein, die Rawls anerkennt:[67] Sie führt die nötige Universalität bereits zu Beginn des Verfahrens ein;[68] beide führen zu gleichen Ergebnissen;[69] der Entscheid für die eine oder andere Vorgehensweise ist rein methodologischer Art.[70]

Man kann zudem nach Rawls jederzeit gedanklich in den hypothetischen Urzustand treten, um in der fairen und unvoreingenommenen Entscheidungssituation hinter dem Schleier des Nichtwissens Prinzipien der Gerechtigkeit zu bestimmen.[71] Da es sich nicht um eine reale Situation, sondern um ein Gedankenexperiment handelt, lässt sich das Verfahren der Ursituation grundsätzlich für alle Entscheidungen über Prinzipien der Gerechtigkeit anwenden. Es gibt keine anwesenden realen Personen als Beteiligte im Urzustand.

Stellen wir uns also eine Form von Rawls Gedankenexperiment des Gesellschaftsvertrags vor, in dem der hypothetische Urzustand global gedacht wird. Das Verfahren ist vollständig analog und ope-

67 Rawls (1999a) «The Law of Peoples», S. 549. Siehe Barry (1989), S. 183–189 und S. 234–241.

68 «[...] it gives an appropriate universality from the start.» Rawls (1999a) «The Law of Peoples», S. 535.

69 «All things considered one might reach the same law of peoples in either case.» Rawls (1999a) «The Law of Peoples», S. 549.

70 «But this [sich für die eine oder andere Vorgehensweise zu entscheiden, d. V.] is simply a point of method and settles no question of substance.» Rawls (1999a) «The Law of Peoples», S. 550.

71 «We can, as it were, enter this position any time simply by reasoning for principles of justice in accordance with the enumerated restrictions.» Rawls (1999a) «Justice as Fairness: Political not Metaphysical», S. 402.

riert mit den identischen Voraussetzungen und Restriktionen, um Überparteilichkeit zu erzeugen, wie die kontraktualistische Methode des Urzustandes für eine geschlossene Gesellschaft.[72] In unserer Variante des Gedankenexperimentes wissen die Menschen nicht, wo sie leben und welche Umstände sie dort antreffen werden.

Hinter dem Schleier des Nichtwissens müssen sich die Beteiligten nun zunächst entscheiden, ob sie einen Weltstaat wünschen oder ob, und unter welchen Bedingungen, es eine Pluralität von Staaten geben soll. Falls sie sich für einen Weltstaat entscheiden sollten, wird es keiner Gerechtigkeitstheorie zwischen Staaten bedürfen und es wird erst gar kein Immigrationsproblem entstehen. Die Rede von Immigrationsrechten wäre bedeutungslos. Inwiefern in einem solchen Weltstaat – das heisst einem globalen politischen Regime, das durchaus auch gewisse föderalistische Elemente beinhalten kann, die aber immer einer zentralen, einheitlichen Regierung unterstellt sind – die Bewegungsfreiheit der Bürger eingeschränkt werden kann, werde ich hier nicht besprechen. Rawls weist nun aber darauf hin, dass die Beteiligten im globalen Urzustand hinter dem Schleier des Nichtwissens wohl die Institution der Einzelstaaten dem zentralistischen Weltstaat vorziehen. Sie würden Prinzipien der internationalen Gerechtigkeit für eine Welt mit einer Pluralität von Staaten bestimmen.[73] Für eine

72 Siehe auch Woodward (1992) S. 75: «Alternatively, we can apply the contractual framework globally, thinking of the parties to the contract as all of the inhabitants of the world, supposing that no one knows the country to which he will belong, and asking this group to agree on a set of distributive principles.»

73 «Others may want to begin with an original position in which the parties are seen as representatives of citizens of the world society. I supposed that in any case the outcome would be something like the familiar principles of international justice governing a society of states rather than a world state [...].» Rawls (1999a) «The Dominion of the Political and Overlapping Consensus», S. 492/Fn. 46. Siehe auch Rawls (1999a) «The Law of Peoples», S. 539.

mögliche Argumentationsstrategie gegen einen Weltstaat weist Rawls auf Kant hin.[74]

Nehmen wir also an, die Beteiligten würden sich für eine Welt mit einer Pluralität von Staaten entscheiden. Welche Bedingungen würden sie hinter dem Schleier des Nichtwissens für die Institutionen bestimmen? Welche Rechtsprinzipien sollen das Verhältnis der Staaten zu Menschen anderer Staaten regeln? Welche Rechte wird jeder Einzelne im Sinne der Maximin-Regel in der Ursituation für sich garantieren wollen, wenn er nicht wissen kann, in welchem Land er leben wird? Sollen die Institutionen unter diesen Umständen an die Bedingung eines subjektiven Immigrationsrechts geknüpft werden?

Erinnern wir uns an die Funktion des Urzustandes:

> Der Gedanke des Urzustandes soll ja zu einem fairen Verfahren führen, demgemäss eine Übereinkunft über Grundsätze nur zu gerechten Grundsätzen führen kann.[75]

Um dies zu erreichen, muss man die Wirkung aller zufälligen Umstände aufheben:

> Irgendwie muss man die Wirkung von Zufälligkeiten beseitigen, die die Menschen in ungleiche Situationen bringen und zu dem Versuch verführen, gesellschaftliche und natürliche Umstände zu ihrem Vorteil auszunutzen.[76]

74 «Here I follow Kant's lead in *Perpetual Peace* (1795) in thinking that a world government – by which I mean a unified political regime with the legal powers normally exercised by central governments – would be either a global despotism or else a fragile empire torn by frequent civil strife as various regions and peoples try to gain political autonomy.» Rawls (1999a) «The Law of Peoples», S. 539. Er zitiert aus Kant «Zum ewigen Frieden» (Ak. VIII: 367), Kant (1988), S. 316–317. Eine ähnliche Position wie Kant vertrat u. a. auch David Hume (1987) «Of the Balance of Power», S. 332 ff.

75 Rawls (1990) S. 159; Originalversion siehe Rawls (1971), S. 136.

76 Rawls (1990) S. 159; Originalversion siehe Rawls (1971), S. 136.

Wenn man im Bereich der Migration eine gerechte Lösung herbeiführen will, muss man anerkennen, dass die Herkunft oder Staatszugehörigkeit die entsprechende Zufälligkeit ist, die Menschen in ungleiche Situationen bringt und sie dazu verführt, eigene Vorteile und Privilegien auszunutzen; Privilegien, die allein auf die zufällige Staatszugehörigkeit zurückzuführen sind. Genau so wie Rawls verlangt, dass hinter dem Schleier des Nichtwissens Eigenschaften des Körpers oder der sozialen Situation verborgen bleiben, damit man die Prinzipien nicht einseitig danach ausrichten kann und man eine gerechte Lösung für alle möglichen Situationen, insbesondere auch für die Situation von weniger begünstigten Menschen finden muss, soll auch die vom Zufall bestimmte nationale Herkunft hinter dem Schleier nicht erkennbar sein. Erst dann kann man das Gerechtigkeitsproblem im Rahmen der Immigration lösen, so wie man Gerechtigkeitsdefizite im Verhältnis zwischen Männern und Frauen, Behinderten und Nicht-Behinderten, Armen und Reichen, Kräftigen und Schwachen usw. in der Gesellschaft im Sinne der Gerechtigkeitsgrundsätze ausgleicht. Hinter dem Schleier des Nichtwissens kennt also niemand seinen Geburtsort, er weiss nicht, zu welchem Volke er gehören oder in welchem Staat er Bürger sein wird,[77] er weiss nicht, ob er in einem

77 Nach Rawls geht es auf der globalen Ebene in erster Linie darum, das Recht von Völkern gegenüber anderen Völkern und nicht das Recht von Individuen im internationalen Rahmen zu bestimmen. Im Aufsatz «The Law of Peoples» hält Rawls fest, dass die Menschen in der globalen Ursituation wissen, dass sie Mitglieder einer liberalen und demokratischen Gesellschaft *(liberal and democratic people)* sind; siehe Rawls (1999a) «The Law of Peoples», S. 533 ff., und Rawls (1999b), S. 32 ff. Selbst unter der Voraussetzung, dass hier ein Recht der Völker bestimmt werden soll, ist es nicht ersichtlich, warum gerade in diesem Fall die Art von Information zugänglich ist, die nach der ursprünglichen Methode mit dem Schleier des Nichtwissens gerade nicht zugänglich ist. Es liegt auf der Hand, dass Rawls damit die Gerechtigkeitsfrage bezüglich der Immigration gleichsam ausklammert. Es ist bezeichnend, dass er diese Thematik auch nur ganz am Rande erwähnt, ohne auf die eigentlichen Probleme

reichen oder armen Land leben wird, ob er eines Tages in ein anderes Land ziehen will oder muss, er weiss nicht, ob er einer ethnischen Minderheit angehören wird, er weiss nicht, ob er ein Fremder oder ein Immigrant sein wird, er weiss nicht, welcher Religion er angehören wird. All dies sind zufällige und willkürliche Umstände, die sich nicht auf den Gesellschaftsvertrag und die Prinzipien auswirken dürfen, wenn sie gerecht sein sollen.[78]

Niemand würde das Risiko eingehen, Prinzipien zu akzeptieren, die ihn auf Grund seiner Herkunft oder anderer zufälliger, willkürlicher Umstände möglicherweise zu einem gänzlich unbefriedigenden Leben als Aussenseiter und Rechtloser verdammen würden. Vielmehr wird jeder nach der Maximin-Regel einen Vertrag anstreben, in dem alle, selbst die am wenigsten Begünstigten, in ihren Grundfreiheiten geschützt werden und von einer gerechten Verteilung der Grund-

---

einzugehen; siehe Rawls (1999a) «The Law of Peoples», S. 541, und Rawls (1999b), S. 38 f. Auf Grund dieser von der ursprünglichen Methode abweichenden Annahme eines viel stärker durchlässigen Schleiers auf der globalen Ebene grenzt Rawls einen entscheidenden Aspekt der transnationalen Gerechtigkeit ganz einfach aus und kann nichts Substanzielles über den gerechten Umgang mit Einzelschicksalen von Immigranten und Flüchtlingen sagen; siehe Rawls (1999b), S. 39/Fn 48. Um Gerechtigkeit zu erlangen für Individuen, die in andere Länder immigrieren, muss man die ursprüngliche Methode von Rawls beibehalten, in der grundsätzlich freie und gleichberechtigte Individuen hinter dem Schleier des Nichtwissen gerade diejenigen Informationen (Herkunft, Volks- und Staatszugehörigkeit) nicht zur Verfügung haben, die sie verführen könnten, Grundprinzipien für die Immigration aufzustellen, die ihre zufällig vorteilhafte Situation festigen und gegenüber Ansprüchen der weniger Begünstigten absichern. Siehe dazu auch Barry (1989), S. 183 ff.

78 Rawls (1971), S. 15: «Once we decide to look for a conception of justice that nullifies the accidents of natural endowment and the contingencies of social circumstances as counters in quest for political and economic advantages, we are lead to these principles. They express the result of leaving aside those aspects of the social world that seem arbitrary from a moral point of view.»

güter profitieren können. Jeder kann in einem Land geboren werden, wo er nur ein unbefriedigendes Leben führen kann, sei es aus wirtschaftlichen, rechtlichen oder sozialen Gründen.[79] Er befindet sich dann in der Lage der weniger Begünstigten. Jeder Mensch muss im Urzustand die Perspektive des am wenigsten Begünstigten einnehmen, der durch bestimmte Umstände benachteiligt ist.

Alle müssen sich in der globalen hypothetischen Situation hinter dem Schleier des Nichtwissens in die Rolle desjenigen versetzen, der in ein anderes Land immigrieren möchte, denn genau in dieser Situation könnten sie sich wieder finden. Sie werden unter diesen Umständen festhalten, dass das Recht auf Immigration als Grundfreiheit anerkannt werden muss,[80] damit sie als weniger Begünstigte nicht immer in einem Land leben müssen, in dem sie nur ein unbefriedigendes Leben führen können, und in ein Land einwandern dürfen, wo sie Umstände vorfinden, die ihnen eher zusagen. Nach der Theorie von Rawls würde im globalen Urzustand niemand einem Vertrag zustimmen, der Menschen das Recht auf Immigration verweigert, da er nicht wissen kann, welche zufälligen Umstände er antreffen wird, und folglich nicht wissen kann, ob er einmal in der Situation eines Immigrationswilligen sein wird. Die Bedingung für

79 Neben wirtschaftlichen Gründen erwähnt Carens zu Recht auch persönliche Gründe, weshalb jemand in ein bestimmtes Land immigrieren will: «One might fall in love with a citizen from another land, one might belong to a religion which has few followers in one's native land and many in another, one might seek cultural opportunities that are only available in another society.» Carens (1987), S. 259.

80 Siehe auch Carens (1987), S. 259: «In the original position, then, one would insist that the right to migrate be included in the system of basic liberties for the same reason that one would insist that the right to religious freedom be included: it might prove essential to one's plan of life. Once the ‹veil of ignorance› is lifted, of course, one might not make use of the right, but that is true of other rights and liberties as well.»

die Wahl einer Pluralität von Staaten im Urzustand ist, dass ein Grundrecht auf Migration zwischen den Staaten anerkannt wird. Die staatlichen Institutionen müssen prinzipiell das Recht auf Immigration gewährleisten.

4. Mögliche Einschränkung des Rechts auf Immigration bei Rawls

Wie jedes Grundrecht kann auch das Recht auf Immigration unter bestimmten Umständen eingeschränkt werden. Die Voraussetzungen dafür müssen aber klar bestimmt und geregelt werden.[81]

Bei Rawls finden wir eine ganz prinzipielle Regelung der Einschränkung von Grundrechten. Zur Begründung und Bestimmung der möglichen Ausnahmefälle wird wiederum aus dem Urzustand argumentiert. Rawls geht davon aus, dass die Rechte und Freiheiten aller nur gewährleistet sind, wenn öffentliche Ordnung und Sicherheit herrscht. Freiheitsrechte können also eingeschränkt werden, wenn sie zum Zusammenbruch der öffentlichen Ordnung und Sicherheit führen und die Prinzipien der Gerechtigkeit und Freiheit zerschlagen würden. Grundfreiheiten können nur um der Freiheit willen eingeschränkt werden: *Liberty can be restricted only for the sake of liberty.*[82] Das Recht auf freie Immigration darf also eingeschränkt werden, wenn durch eine ungehinderte Immigration die Freiheit und Grundrechte aller ernsthaft gefährdet sind. Eine solche Einschränkung des Grundrechts auf Immigration basiert auf einem Prinzip, das im Urzustand hinter dem Schleier des Nichtwissens festgelegt wird. Im Urzustand erkennt jeder, dass der Zusammenbruch der öffentlichen Ordnung

81 Vgl. z. B. Art. 36 BV ‹Einschränkung der Grundrechte›.

82 Kritischer Kommentar dazu in: Hart (1983), S. 223. Die Replik von Rawls in: Rawls (1993), S. 289 f.

eine Gefahr für die Freiheit aller darstellt.[83] Jeder einzelne wird dieser Einschränkung zustimmen, auch wenn es natürlich sein kann, dass, nachdem der Schleier des Nichtwissens entfernt wird, gerade seine Freiheit zu immigrieren eingeschränkt ist.[84]

Das gemeinsame Interesse, d. h. das Bedürfnis der Einheimischen *und* der Immigranten nach Ordnung und Sicherheit muss relevant sein. Der Entscheid, dass ein bestimmtes Freiheitsrecht eingeschränkt werden muss, weil sonst die öffentliche Ordnung zusammenbricht, muss auf Beweisen und Argumenten basieren, die im Urzustand von allen akzeptiert werden können.[85] Ob ein Freiheitsrecht tatsächlich die öffentliche Ordnung und Sicherheit gefährdet, darf nicht allein von der Meinung oder Denkweise einer bestimmten Gruppe von Menschen abhängig sein. Ein Abweichen von allgemein anerkannten Denkweisen würde dazu führen, dass die Ansichten einiger eine privilegierte Stellung über den Meinungen anderer einnehmen. Im Urzustand würde ein Prinzip, das dies ermöglicht, niemals akzeptiert.[86] Einschränkungen des Immigrationsrechtes sind nur gerechtfertigt, wenn man aus unvoreingenommener Perspektive, frei von Intoleranz oder Rassendiskriminierung, zeigen kann, dass sie durchgesetzt werden müssen, um den Zusammenbruch der öffentlichen Ordnung zu verhindern und auch dann nur im dafür nötigen Ausmass.[87]

83 «[...] it now seems evident that, in limiting liberty by reference to the common interest in public order and security, the government acts on a principle that would be chosen in the original position. For in this position each recognizes that the disruption of these conditions is a danger for the liberty of all.» Rawls (1971), S. 212–213.

84 Siehe auch Carens (1987), S. 259.

85 Siehe Rawls (1971), S. 213.

86 «[...] a departure from generally recognized ways of reasoning would involve a privileged place for the views of some over others, and a principle which permitted this could not be agreed to in the original position.» Rawls (1971), S. 213.

87 Vgl. in Analogie dazu das Beispiel der Religionsfreiheit in Rawls (1971), S. 215.

III. Zwang zur Assimilation oder kulturelle Toleranz?

Eine daran anknüpfende Argumentationsstrategie für die Begründung von Einschränkungen des Rechts auf Immigration zielt auf das innenpolitische Verhältnis zwischen dem aufnehmenden Staat und den Immigranten. Die Ausgangsfrage ist wie folgt: Sollen liberale Staaten das Recht haben, die Immigration einzuschränken, um nicht von fremden kulturellen Einflüssen überwältigt zu werden? Die Grundannahme dazu ist, dass ein bestimmter Grad an kultureller Homogenität notwendig ist, um gesellschaftliche Stabilität und Kohäsion zu erhalten, die wiederum notwendig sind, um politische und wirtschaftliche Sicherheit und Ordnung gewährleisten zu können.

Wie andere Gesellschaftsformen hat auch die liberale egalitäre Gesellschaft ein Recht, ihre Eigenschaften zu bewahren, die Gemeinschaft und ihre eigenen Lebensformen zu schützen und zu pflegen. Der Wert und die Bedeutung von Gemeinschaften der Zugehörigkeit sind nicht zuletzt für das Leben und die Identitätsstiftung des Einzelnen unbestritten. Mitgliedschaft in einer solchen umfassenden kulturellen Gemeinschaft ist für das Wohlergehen des Einzelnen wichtig.[88] Wir müssen aber bestimmen, welche diese Eigenschaften eines liberalen Rechtsstaates sind, die nach den Grundsätzen des Liberalismus überhaupt geschützt werden dürfen und von denen man verlangen kann, dass Immigranten sie annehmen und respektieren.

Zweifellos trägt die Immigration zur Veränderung der ethnischen, kulturellen, religiösen und politischen Zusammensetzung in einem liberalen Staate bei. Die liberalen Gesellschaften werden trotz einer, die eigenen Prinzipien negierenden, restriktiven Immigrationspolitik immer multikultureller und pluralistischer. Vorbehalte gegenüber

88 Vgl. die Beschreibung von so genannten ‹umfassenden Gruppen› *(encompassing groups)* bei Joseph Raz in: Raz (1996), S. 133 ff.

den Immigranten werden oft mit der Gefahr einer allzu grossen kulturellen Differenz begründet. Verfechter einer restriktiven Immigrationspolitik malen den Teufel an die Wand, wenn sie vor einer Immigrationsflut und der damit verbundenen Gefahr eines kulturellen und politischen Niedergangs des aufnehmenden Staates warnen. Die Frage ist nun aber nicht, ob Immigranten tatsächlich die kulturellen Eigenschaften und Wertvorstellungen, die religiöse und ethnische Zusammensetzung im aufnehmenden Staat verändern, sondern ob und in welchem Masse ein liberaler, wertepluralistischer Staat dies legitimerweise verhindern darf.

Wie stark muss man die Ansprüche derer werten, die ihre kulturelle Gemeinschaft erhalten wollen und aus diesen Gründen eine restriktive Immigrationspolitik fordern? Oder mit anderen Worten: Wenn die Immigranten das Recht haben, in ein liberales Land zu ziehen, sollten sie sich dann nicht wenigstens vollständig assimilieren? Darf man ihnen die Niederlassung verweigern, wenn sie sich nicht assimilieren können oder wollen? Welche Art von Assimilation kann von Immigranten in einer liberalen Gesellschaft verlangt werden?

Das Verhältnis von notwendiger Assimilation und gewährter Toleranz lässt sich am besten am Prozess der Einbürgerung illustrieren. In einem liberalen Staat, der grundsätzlich das Recht auf Immigration anerkennt, sollte man eine erleichterte Einbürgerung im Sinne der Genfer Flüchtlingskonvention anstreben.[89] Die Einbürgerung soll nicht als ein besonderes, zusätzliches Recht verstanden werden, sondern vielmehr als ein Mittel, den Immigranten zu einem akzeptablen Mass der Integration zu führen und ihm unter anderem als

89 Vgl. Genfer Flüchtlingskonvention, Art. 34, Einbürgerung: «Die vertragsschliessenden Staaten werden soweit wie möglich die Eingliederung und Einbürgerung der Flüchtlinge erleichtern. Sie werden insbesondere bestrebt sein, Einbürgerungsverfahren zu beschleunigen und die Kosten dieses Verfahrens soweit wie möglich herabzusetzen.»

Vetragsschliessenden die staatsbürgerlichen Pflichten aufzuerlegen. Es kann keinesfalls das Ziel eines demokratischen liberalen Staates sein, die Immigranten längere Zeit daran zu hindern, eingebürgert zu werden, da erst durch die Einbürgerung ein dauerhafter und wirksamer Rechtszustand erreicht wird, der eine klare und für beide Parteien befriedigende und nützliche Situation, in gegenseitiger Loyalität und Achtung, schafft.

Es gibt zwei Formen von Assimilation.[90] Die erste betrifft die Zustimmung zu den Grundsätzen der liberalen, demokratischen Verfassung, die zweite umfasst zusätzlich eine notwendige Anpassung an vorgegebene kulturelle Strukturen. Die Einbürgerungspraxis der liberalen Staaten darf nur die erste Form erfordern.[91] Gegen einen Zwang zur kulturellen Assimilation sprechen die liberalen Grundsätze, die im Bereich der Kultur, der Religion und der allgemeinen Lebensform Toleranz verlangen. Die liberale Gesellschaft erlaubt den Individuen, die gesellschaftlichen und kulturellen Werte zu kritisieren und abzulehnen und im Rahmen der Gewährleistung der Freiheit des anderen eigene Werte und Lebensformen zu bestimmen und nach eigenen Präferenzen zu leben. Die Prinzipien der Gleichberechtigung und der Toleranz sind die Voraussetzung für diese Freiheit. Sie fordern, dass man die Wertvorstellungen und Urteile der anderen Menschen akzeptiert, weil man kein Recht hat, diese an der Ausübung ihrer subjektiven Handlungsfreiheit zu hindern. Selbstverständlich kann man diese Werte beurteilen. Der einzelne, wie auch

90 Siehe auch Habermas (1997), S. 257–271.

91 Vgl. Auch Coleman / Harding (1995), S. 52: «In some political communities, identified primarily with liberal political ideals – for example, Canada and the United States – the authority of the state may suggest reasons for opening borders to all persons who are prepared to demonstrate a sincere intention to become a member of that community by adopting the organizing political ideals from an internal point of view.»

der Staat, haben aber kein grundsätzliches Recht, diese zu *verurteilen,* solange sie nicht die Freiheit eines anderen Menschen gegen seinen Willen einschränken. Der einzig objektive Wert ist der Wert der individuellen Freiheit. Dadurch etabliert sich eine Pluralität an Wertvorstellungen.[92]

Bei einem kulturellen Assimilationszwang ist es offensichtlich unmöglich eine Antwort zu finden auf die Frage, *welche* Werteordnung ein Immigrant annehmen muss. In unserer pluralistischen, weil liberalen Gesellschaft, ist es in der Tat wohl aussichtslos, eine umfassende gemeinsame Kultur oder Werteordnung inhaltlich überhaupt zusammen zu denken, die nicht durch vielfältige antagonistische Einzelprägungen auseinander fällt.[93] Weshalb müssen sich Fremde, um in den Genuss staatsbürgerlicher Rechte zu kommen, einer bestimmten kulturellen Gesellschafts- und Lebensform anpassen, die als solche in einem pluralistischen liberalen Staat nichts mehr als eine von vielen möglichen Formen ist, während die Staatsbürger ungehindert jede mögliche individuelle Lebensweise annehmen können, ohne die kulturellen und politischen Rechte einzubüssen? Eine solche

92 Ein allgemeiner Werteskeptizismus und ein abstrakter Individualismus sind aber nicht die Prämissen des Liberalismus, sondern die Folgen. Siehe auch Kymlicka (1989), ch. 2.

93 Vgl. den Versuch, eine so genannte deutsche Leitkultur zu definieren, in: CDU Antrag Bundesvorstand vom 3. Mai 2001 ‹Zuwanderung steuern. Integration fördern›: «Grundlage des Zusammenlebens in Deutschland ist nicht multikulturelle Beliebigkeit, sondern die Werteordnung der christlich-abendländischen Kultur, die von Christentum, Judentum, antiker Philosophie, Humanismus, römischem Recht und Aufklärung geprägt wurde. Integration setzt voraus, dass diese Werteordnung akzeptiert wird.» Zit. in: Denninger (2001), S. 443. Denninger schreibt dazu sehr treffend: «Der Versuch, die Verweisungen auf die vielfältig antagonistischen Einzelprägungen dieser ‹Werteordnung› auch nur ansatzweise inhaltlich zusammenzudenken, muss einem deutschen oder jedem beliebigen Philosophie- oder Juraprofessor Schwindel erregen […].» Denninger (2001), S. 443.

kulturelle Integration und eine Assimilation an ein nur mehr abstraktes kulturelles Ideal kann in einem liberalen Staat nicht verlangt werden.[94]

Die relevante Eigenschaft einer liberalen Gesellschaft ist deren politische Grundstruktur und nicht eine gerade vorherrschende kulturelle Lebensform. Verlangt werden darf eine Akzeptanz der politischen Grundsätze der demokratischen liberalen Gesellschaft, die ja nicht zuletzt eine Wertepluralität verteidigen,[95] in der sich verschiedene sinnstiftende, für das Wohlergehen der einzelnen Mitglieder bedeutsame kulturelle Gemeinschaften oder ein bestimmtes kulturelles Milieu entfalten können.[96]

94 Vgl. Tushnet (1995), S. 154: «Liberals are rightly troubled by policies like Germany's which require an immigrant to ‹become a German› as if there were some predetermined essence of Germanness that all Germans must share.»

95 Vgl. Habermas (1997), S. 266ff.

96 Zum Schutz dieses kulturellen Milieus ist zweifellos auch eine gewisse Kontrolle der kulturellen Kräfteverhältnisse in einer Gesellschaft notwendig. Dabei darf es sich aber nicht um die Verteidigung einer strikten kulturellen Homogenität handeln. Es ist nicht sehr plausibel und empirisch gesehen unzutreffend, wenn man davon ausgeht, dass diese Homogenität eine notwendige Voraussetzung für politische Stabilität oder für die Erhaltung von liberalen, demokratischen Institutionen ist. Der entscheidende Aspekt ist vielmehr die Art und Weise einer kulturellen Veränderung und nicht die Bewahrung einer bestehenden Kultur. Die Forderung nach einer Kontinuität und die Ablehnung eines Umsturzes der Werteordnung sind kompatibel mit einem Pluralismus und mit der Theorie des politischen Liberalismus, denn sie führen nicht zu einem Verabsolutieren einer bestimmten Kultur. Einschränkungen des Rechts auf Immigration in liberalen Staaten müssen so geregelt sein, dass sie kulturelle Stabilität sichern, indem sie eine schrittweise Veränderung der Kultur gewährleisten, damit die bestehende politische Ordnung nicht überwältigt und die liberalen Freiheitsprinzipien nicht zerstört werden. Ein legitimer Grund für die Einschränkung der Immigration ist der notwendige Schutz des dauerhaften Prozesses der liberalen Umwandlung einer Gesellschaft. Siehe dazu Perry (1995), S. 112f.

Der Assimilationsprozess der Immigranten muss dem Schutz der liberalen demokratischen Institutionen und Prinzipien dienen, darf aber nicht einem Überlebensschutz für ein Ideal einer homogenen Kultur gleichkommen.[97] Da die Akzeptanz der Prinzipien des politischen Liberalismus aber das notwendige Mass an Loyalität gegenüber dem Staat bildet und zur Sicherung der politischen Grundrechte beiträgt, muss diese Form der Assimilation verlangt werden können.[98] Die Integration der Immigranten in diese politische Kultur fördert nicht zuletzt die Akzeptanz der Grundsätze und die Toleranz der Fremden gegenüber den pluralistischen Lebensformen in einer liberalen Gesellschaft; eine Toleranz von der sie selbst profitieren sollten.

Literatur

Barry, B. (1989): *Theories of Justice*, Berkeley.

Barry, B. / Goodin R. E. (Hg.) (1992): *Free Movement*, University Park.

Carens, J. (1987): Aliens and Citizens: The Case for Open Borders, in: *Review of Politics*, Vol. 49/2, S. 251–273; ebenfalls in: Kymlicka, W. (1995): *The Rights of Minority Cultures*, Oxford, S. 331–350.

Cohen, G. A. (1995): *Self-ownership, freedom, and equality*, Cambridge.

Coleman, J. L. / Harding S. K. (1995): Citizenship, justice, and political borders, in: Schwartz W. F. (Hg.): *Justice in Immigration*, Cambridge, S. 18–62.

Corlett, J. A. (Hg.) (1991): *Equality and Liberty. Analyzing Rawls and Nozick*, London.

Daniels, N. (Hg.) (1975): *Reading Rawls*, Oxford.

97 Perry (1995), S. 133/Fn. 68. «What would matter is not an individual's or group's preferred way of life, but rather a willingness to accept more general principles of tolerance and democratic rule. […] There is an obvious difference between someone who subscribes to, say, Marxism as an intellectual creed but is willing to live by liberal democratic principles, and someone who advocates overthrowing the established government by terrorism or force.»

98 Siehe dazu Hampton (1997), S. 244–246.

Denninger, E. (2001): Integration und Identität, in: *Kritische Justiz*, 34, 4, 2001, S. 442–452.
Goodwin-Gill, G. S. (1996): *The Refugee in International Law*, Second Edition, Oxford.
Habermas, J. (1997): *Die Einbeziehung des Anderen*, 2. Aufl., Frankfurt / M.
— (1998): Zur Legitimation durch Menschenrechte, in: ders., *Postnationale Konstellation*, Frankfurt / M., S. 170–192.
Hampton, J. (1997): *Political Philosophy*, Boulder.
Hart, H. L. A. (1983): Rawls on Liberty and Its Priority, in: ders., *Essays in Jurisprudence and Philosophy*, Oxford.
Hume, D. (1987): *Essays Moral, Political, and Literary*, Miller, E. F. (Hg.), Indianapolis.
Kälin, W. (1990): *Grundriss des Asylverfahrens*, Basel.
Kant, I. (1988): *Rechtslehre*, Klenner, H. (Hg.), Berlin.
Kimminich, O. (1962): *Der internationale Rechtsstatus des Flüchtlings*, Köln.
Kymlicka, W. (1989): *Liberalism, Community and Culture*, Oxford.
— (1995): *The Rights of Minority Cultures*, Oxford.
Lauterpacht, H. (1950): *International Law and Human Rights*, London.
Marx, R. (1991): *Asylrecht und Menschenrechte*, Bd.1, 5., völlig neu bearbeitete Aufl., Baden-Baden.
Parin, P. (1998): Lügen in Zeiten des Friedens. Versuch einer psychoanalytischen und ethnologischen Kritik der Menschenrechte, in: Haland-Wirth, T. et al. (Hg.): *Unbequem und engagiert: Horst-Eberhard Richter zum 75. Geburtstag*, Giessen.
Perry, St. R. (1995): Immigration, justice and culture, in: Schwartz, W. F. (Hg.): *Justice in immigration*, Cambridge, S. 94–135.
Rawls, J. (1971): *A Theory of Justice*, Cambridge, Mass.
— (1990): *Eine Theorie der Gerechtigkeit*, 5. Aufl., Frankfurt / M.
— (1993): *Political Liberalism*, New York.
— (1999a): *Collected Papers*, Freeman, S. (Hg.), Cambridge, Mass.
— (1999b): *The Law of Peoples*, Cambridge, Mass.
Raz, J. (1991): The Claims of Reflective Equilibrium, in: Corlett, J. A. (Hg.) *Equality and Liberty. Analyzing Rawls and Nozick*, London, S. 110–135.
— (1996) *Ethics in the Public Domain*, Oxford.
Scanlon, T. M. (1982): Contractualism and Utilitarianism, in: Sen, A. / Williams, B. (Hg.) *Utilitarianism and beyond*, Cambridge, S. 103–123.
Tushnet, M. (1995): Immigration policy in liberal political theory, in: Schwartz, W. F. (Hg.) *Justice in Immigration*, Cambridge.
Woodward, J. (1992): Commentary: Liberalism and migration, in: Barry, B./Goodin, R. E. (Hg.) *Free Movement*, University Park, S. 59–84.

Literaturverzeichnis

Adelmann, H. (1994): Refugees: The Fight of Return, in: Baker, J. (Hg.), *Group Rights*, Toronto, S. 164–185.

Baker, J. (Hg.) (1994): *Group Rights*, Toronto.

— (1994): Introduction, in: Baker, J. (Hg.), *Group Rights*, Toronto, S. 3–16.

Bales, R. (1950): *Interaction Process Analysis: A Method for the Study of Small Groups*, Reading, Mass.

Barry, B. (1989): *Theories of Justice*, Berkeley.

Becker, E. (1966): Artikel ‹Gruppe›, in: *Evangelisches Staatslexikon*, Stuttgart / Berlin, S. 740–744.

Beitz, C. (1989): *Political Equality*, Princeton.

Benahbib, S. (1995): *Selbst im Kontext. Kommunikative Ethik im Spannungsfeld von Feminismus, Kommunitarismus und Postmoderne*, übers. von Isabella König, Frankfurt a. M.

Bernsdorf, W. (1969): Artikel ‹Gruppe› in: Bernsdorf, W. (Hg.), *Wörterbuch der Soziologie*, Stuttgart, S. 385–401.

Berting, J. et al. (1990): *Human Rights in a Pluralistic World*, London.

Blackstone, W. T. (1975): Reverse Discrimination and Compensatory Justice, in: *Social Theory and Practice* 3, S. 253–288.

Boxill, B. (1991): Wilson the Truly Disadvantaged, in: *Ethics* 101, S. 579–592.

Brass, P. (1991): *Ethnicity and Nationalism Theory and Comparison*, New Delhi / London.

Brubaker, W. R. (1989): *Immigration and the politics of Citizenship in Europe and North America*, Lanham Md.

Buchanan, A. E. (1984): What's So Special About Rights? in: *Social Philosophy and Policy* 2, S. 61–83.

— (1989): Assessing the Communitarian Critique of Liberalism, in: *Ethics* 99, S. 852–882.

— (1991): Toward a Theory of Secession, in: *Ethics* 101, S. 322–342.

— (1995): The Morality of Secession, in: Kymlicka, W. (Hg.), *The Rights of Minority Cultures*, Oxford, S. 350–374.

Burge, T. (1977): A Theory of Aggregates, in: *Noûs* 11, S. 97–117.

Canetti, E. (1992): *Masse und Macht*, Neuausgabe, Hildesheim.

Capotorti, F. (1979): *Study on the Rights of Persons Belonging to Ethnic, Religious and Linguistic Minorities*, New York.
Carens, J. H. (1994): The Rights of Immigrants, in: Baker, J. (Hg.), *Group Rights*, Toronto, S. 142–163.
Chauvier, S. (1996): *Du droit d'être étranger. Essai sur le concept kantien d'un droit cosmopolitique*, Paris.
Cohen, M., Nagel, T. und Scanlon, T. (1977): *Equality and Preferential Treatment*, Princeton.
Collier, A. (1992): Marxism and universalism: group interests or a shared world? in: Attfield, R. and Wilkins, B., *International Justice and the Third World*, London / New York, S. 77–83.
Cook, R. J. (1994): *Human Rights of Women*, Philadelphia.
Cooley, C. H. (1909): *Social Organization. A Study of the Larger Mind*, New York.
Cottier, T. (1998): The Protection of Genetic Resources and Traditional Knowledge: Towards More Specific Rights and Obligations in World Trade Law, in: *Journal of International Economic Law*, S. 555–584.
Cragg, W. et al. (1989) (Hg.): *Challenging the Conventional*, Burlington.
Crawford, J. (Hg.) (1988): *The Rights of Peoples*, Oxford.
Crowley, B. L. (1987): *The Self, the Individual, and the Community: Liberalism in The Political Thought of F. A. Hayek and Sidney and Beatrice Webb*, Oxford.
Dahrendorf, R. (1967): *Homo sociologicus. Ein Versuch zur Geschichte, Bedeutung und Kritik der Kategorie der sozialen Rolle*, 6. Auflg., Köln / Opladen.
Danley, J. R. (1991): Liberalism, Aboriginal Rights, and Cultural Minorities, in: *Philosophy and Public Affairs* 20, S. 168–185.
Davis, N. (1985): Rights, Permission, and Compensation, in: *Philosophy and Public* Affairs 14, S. 374–384.
Dennett, D. (1976): Conditions of Personhood, in: Rorty, A. O. (Hg.), *The Identities of Persons*, Berkeley, S. 175–196.
Dinstein, Y. (1976): Collective Human Rights of Peoples and Minorities, in: *The International and Comparative Law Quaterly* 25, S. 102–120.
Donnelly, J. (1989): *Universal Human Rights in Theory and Practice*, Ithaca, New York.
Drucker, P. (1964/72): *Concept of Corporation*, New York.
Ducharme, T. (1992) (Hg.): *Language and the State. The Law and Politics of Identity*, Edmonton.
Dworkin, R. (1977): DeFunis vs. Sweatt, in: Cohen, M. und Nagel, T. und Scanlon, T., *Equality and Preferential Treatment*, Princeton, S. 63–83.
— (1981): What is Equality? Part I: Equality of Welfare, in: *Philosophy and Public Affairs* 10, S. 185–246.

— (1981): What is Equality? Part II: Equality of Ressources, in: *Philosophy and Public Affairs* 10, S. 283–345.
— (1983): In Defense of Equality, in: *Social Philosophy and Policy* 1, S. 24–40.
— (1984): Rights as Trumps, in: Waldron, J., *Theories of Rights*, Oxford, S. 153–167.
— (1986): *Law's Empire*, Cambridge.
— (1985): *A Matter of Principle*, Cambridge.
— (1987): What is Equality? Part III: The Place of Liberty, in: *Iowa Law Review* 73, S. 1–54.
— (1984): *Bürgerrechte ernstgenommen*, übers. von Ursula Wolf, Frankfurt am Main.
— (1993): Umgekehrte Diskriminierung und Chancengleichheit, in: Rössler, B. (Hg.), *Quotierung und Gerechtigkeit. Eine moralphilosophische Kontroverse*, Frankfurt / New York, S. 74–119.
Eisenberg, A. (1994): The Politics of Individual and Group Difference in Canadian Jurisprudence, in: *Canadian Journal of Political Science* 27, S. 3–21.
Elazar, D. (1987): *Exploring Federalism*, Tuscaloosa.
Etzioni, A. (1978): *Soziologie der Organisationen*, 5. Aufl., München.
Ezorsky, G. (1977): On ‹Groups and Justice›, in: *Ethics* 87, S. 182–185.
Fawcett, J. (1979): *The International Protection of Human Rights*, London.
Feinberg, J. (1970): Justice and Personal Desert, in: ders., *Doing & Deserving: Essays in the Theory of Responsibility*, Princeton, S. 55–94.
— (1984): *The Moral Limits of the Criminal Law*, Bd. 1, Oxford.
Felice, W. F. (1996): *Taking Suffering Seriously: The Importance of Collective Human Rights*, Albany N. Y.
Fichter, J. B. (1969): *Grundbegriffie der Soziologie*, Wien / New York.
Fiss, O. M. (1976): Groups and the Equal Protection Clause, in: *Philosophy and Public Affairs* 5, S. 107–177.
— (1977): School Desegregation: The Uncertain Path of the Law, in: Cohen, M. und Nagel, T. und Scanlon, T., *Equality and Preferential Treatment*, Princeton, S. 155–191.
French, P. A. (1975): Types of Collectivities and Blame, in: *The Personalist* 56, S. 160–170.
— (1979): The Corporation as a Moral Person, in: *American Philosophical Quaterly* 16, S. 207–215.
— (1982): Crowds and Corporations, in: *American Philosophical Quaterly* 19, S. 271–277.
Frey, R. G. (1984) (Hg.): *Utility and Rights*, Oxford.

Frey, D. and Irle, M. (1985): *Theorien der Sozialpsychologie*, Band II, Bern / Stuttgart / Toronto.

Fried, C. (1983): *Minorities: Community and Identity*, Berlin.

Friedrichs, J. (Hg.) (1998): *Die Individualisierungsthese*, Opladen.

Fullinwider, R. K (1975): Preferential Hiring and Compensation, in: *Social Theory and Practice* 3, S. 316–332.

— (1981): *The AT &T and Affirmative Action*, Dover.

— (1993): Umgekehrte Diskriminierung und Chancengleichheit, in: Rössler, B. (Hg.): *Quotierung und Gerechtigkeit. Eine moralphilosophische Kontroverse*, Frankfurt / New York, S. 103–119.

Garet, R. (1983): Communality and Existence: The Rights of Groups, in: *Southern California Law Review* 56, S. 1001–1075.

Geiger, T. (1927): *Die Gruppe und die Kategorien Gemeinschaft und Gesellschaft*, Berlin.

— (1928): *Die Gestalten der Gesellung*, Karlsruhe.

Gellner, E. (1983): *Nations and Nationalism*, Oxford.

Geoffrey, C. and Bhaba, J. (1992) (Hg.): *Asylum Law and Practice in Europe and North America*, Washington.

Gerber Fried, M. (1973): In Defence of Preferential Hiring, in: *Philosophical Forum* 5, S. 309–324.

Gerhard, U. et al. (1990) (Hg.): *Differenz und Gleichheit. Menschenrechte haben (k)ein Geschlecht*, Frankfurt.

Gert, B. (1993): Transplants and Trolleys, in: *Philosophy and Phenomenological* Research 53, S. 173–179.

Gierke, O. von (1887): *Die Genossenschafistheorie*, Berlin.

Glazer, N. und. Moynihan, D. (1975) (Hg.): *Ethnicity: Theory and Experience*, Cambridge.

Glazer, N. (1975): *Affirmative Discrimination: Ethnic Inequality and Public Policy*, New York

— (1995): Individual Rights against Group Rights, in: Kymlicka, W. (Hg.), *The Rights of Minority Cultures*, Oxford, S. 123–138.

Goldman, A. H. (1975): Limits to the Justification of Reverse Discrimination, in: *Social Theory and Practice* 3, S. 289–306.

— (1975/76): Affirmative Action, in: *Philosophy & Public Affairs* 5, S. 178–195.

— (1979): *Justice and Reverse Discrimination*, Princeton.

Gordon, M. (1975): Toward a General Theory of Racial and Ethnic Group Relations, in: Glazer, N. und Moynilian, D. (Hg.), *Ethnicity: Theory and Experience*, Cambridge, S. 84–110.

Graff, J.A. (1994): Human Rights, Peoples, and the Right to Self-Determination, in: Baker, J. (Hg.), *Group Rights*, Toronto, S. 185–214.

Green, L. und Hutchinson, A. (Hg.) (1989): *Law and Community*, Toronto.

Green, L. (1991): Two Views of Collective Rights, in: *Canadian Journal ofLaw and Jurisprudence* 4, S. 315–327.

— (1994): Internal Minorities and Their Rights, in: Baker, J. (Hg.), *Group Rights*, Toronto, S. 100–117.

Grimn, J. (1984): Towards a Substantive Theory of Rights, in: Frey, R.G., *Utility and Rights*, Oxford, S. 137–160.

Gusfield, J. (1975): *Community: A Critical Response*, Oxford.

Gutmann, A. (1985): Communitarian Critics of Liberalism, in: *Philosophy and Public Affairs* 14, S. 318–322.

Gutman, A. (Hg.) (1992): *Multiculturalism and the ‹Politics of Recognition›*, Princeton.

Habermas, J. (1993): Anerkennungskämpfe im demokratischen Rechtsstaat, in: Taylor, C. (Hg.), *Multikulturalismus und die Politik der Anerkennung.* Mit Kommentaren von Amy Gutmann, Steven C. Rockefeller, Michael Walzer, Susan Wolf. Mit einem Beitrag von Jürgen Habermas, übers. von Reinhard Kaiser, Frankfurt am Main, S. 147–196.

— (1997): *Faktizität und Geltung. Beiträge zur Diskurstheorie des Rechts und des demokratischen Rechtsstaats*, 5. Aufl., Frankfurt am Main.

— (1998): *Postnationale Konstellation*, Frankfurt / M.

Hallis, F. (1930): *Corporate Personality*, Oxford.

Hampton, J. (1997): *Political Philosophy*, Boulder.

Harmann, G. (1993): Stringency of Rights and «Ought», in: *Philosophy and Phenomenological Research* 53, S. 181–185.

Hart, H.L.A. (1973): *Der Begriff des Rechts*, Frankfurt a.M.

— (1980): Between Utility and Rights, in: *Columbia Law Review* 79, S. 828–846.

— (1983): *Essays in Jurisprudence and Philosophy*, Oxford.

Hartney, M. (1991): Some Confusions Concerning Collective Rights, in: *Canadian Journal of Law and Jurisprudence* 4, S. 293–314.

Harveson, J. (1988): *The Libertarian Idea*, Philadelphia.

Höffe, O. (1999): *Gibt es ein interkulturelles Strafrecht*, Frankfurt / M.

Hofstätter, P.R. (1971): *Gruppendynamik Kritik der Massenpsychologie*, durchgesehene und erweiterte Neuauflage, Hamburg.

Holmes, S. (1991): *The Anatomy of Antiliberalism*, New York.

Homans, G.C. (1950): *The Human Group*, New York.

Horowitz, D.A. (1985): *Ethnic Groups in Conflict*, Berkeley.

Horoton, J. (1993) (Hg.): *Liberalism, Multiculturalism and Toleration*, New York.
Huster, S. (1993): *Rechte und Ziele. Zur Dogmatik des allgemeinen Gleichheitssatzes*, Berlin.
Hutchinson, A. und Green, L. (1989) (Hg.): *Law and the Community: the End of Individualism?*, Toronto.
Irsigler, F. und Lassotta, A. (1989): *Bettler und Gaukler, Dirnen und Henker. Außenseiter in einer mittelalterlichen Stadt*, München.
Isaac, T. (1992): Individual Versus Collective Rights: Aboriginal People and the Significance of Thomas v. Norris, in: *Manitoba Law Journal* 21, S. 618–630.
Jasay, A. de (1995): *Liberalismus neugefaßt – für eine entpolitisierte Gesellschaft*, Berlin / Frankfurt a. M.
Johnston, D. M. (1989): Native Rights as Collective Rights: A Question of Group Self-Preservation, in: *Canadian Journal of Law and Jurisprudence* 2, S. 19–34.
— (1995): Native Rights as Collective Rights: A Question of Group Self-Preservation, in: Kymlicka, W. (Hg.), *The Rights of Minority Cultures*, Oxford, S. 179–201.
Kälin, W. (1990): *Grundriss des Asylverfahrens*, Basel.
Kallen, E. (1987): Ethnicity and Collective Rights in Canada, in: Driedger, L., *Ethnic Canada*, Toronto, S. 325–331.
Kallen, H. (1924): *Culture and Democracy in the United States*, New York.
Kallscheuer, O. (1992/93): Individuum, Gemeinschaft und die Seele Amerikas. Die christliche Republik, in: *Transit* 5, S. 31–50.
Kamenka, E. (1976): *Nationalism*, London.
Kedouire (1993): *Nationalism*, Oxford.
Kirsch, G. (1990): *Das freie Individuum und der dividierte Mensch. Der Individualismus – von der Norm zum Problem*, Baden-Baden.
Korsgaard, C. M. (1996): *Creating the Kingdom of Ends*, Cambridge.
— et al. (1996): *The sources of normativity*, Cambridge.
Koslowski, P. (1989): *Individuelle Freiheit und demokratische Entscheidung*, Tübingen.
Kukathas, C. (1992): Are there any Cultural Rights? in: *Political Theory* 20, S. 105–139.
— (1992): Cultural Rights Again. A Rejoinder to Kymlicka, in: *Political Theory* 20, S. 674–680.
Kymlicka, W. (1989): Liberal Individualism and Liberal Neutrality, in: *Ethics* 99, S. 883–899.
— (1989): *Liberalism, Community, and Culture*, Oxford.
— (1991): Rethinking the Family, in: *Philosophy and Public Affairs* 20, S. 77–97.
— (1991): Liberalism and the Politicization of Ethnicity, in: *Canadian Journal of Law and Jurisprudence* 4, S. 239–256.

— (1992): Two Models of Pluralism and Tolerance, in: *Analyse & Kritik. Zeitschrift für Sozialwissenschaften* 14, S. 33–56.
— (1994): Individual and Community Rights, in: Baker, J. (Hg.), *Group Rights*, Toronto, S. 17–33.
— (Hg.) (1995): *The Rights of Minority Cultures*, Oxford.
— (1995): *Multicultural Citizenship*, Oxford.
Leonard, H. und Goodman, N. (1940): The Calculus of Individuals and Its Uses, in: *Journal of Symbolic Logic* 4, S. 45–56.
Lewis, H. D. (1948): Collective Responsibility, in: *Philosophy* 23, S. 1–18.
Linneweber-Lammerskitten, H. (1998): Minderheitsrechte: Individual- oder Kollektivrechte, *Papers of the 20th International Wittgenstein Symposion*, Kirchberg am Wechsel.
Lomasky, L. (1987): *Persons, Rights, and the Moral Community*, Oxford.
Luhmann, N. (1970): *Soziologische Aufklärung. Aufsätze zur Theorie sozialer Systeme*, Köln und Opladen.
MacIntyre, A. (1987): *Der Verlust der Tugend. Zur moralischen Krise der Gegenwart*, übers. von Wolfgang Riehl, Frankfurt a. M. / New York.
Mack, E. (1993): Of Transplants and Trolleys, in: *Philosophy and Phenomenological Research* 53, S. 163–167.
MacCormick, N. (1982): *Legal Right and Social Democracy*, Oxford.
Mackie, J. (1984): Can There be a Right-Based Moral Theory, in: Waldron, J. (Hg.), *Theories of Rights*, Oxford, S. 168–181.
Margalit, A. und Halbertal, M. (1994): Liberalism and the Right to Culture, in: *Social Research. An International Quaterly of the Social Sciences* 60, S. 491–510.
— und Raz, J. (1995): National Self-Determination, in: Kymlicka, W. (Hg.), *The Rights of Minority Cultures*, Oxford, S. 79–92.
Marx, R. (1991): *Asylrecht und Menschenrechte*, Bd. 1, 5. Aufl., Baden-Baden.
Mayo, E. (1933): *The Human Problems ofan Industrial Civilization*, New York.
McDonald, M. (1989): Collective Rights in International Relations, in: Cragg, W. et al. (Hg.), *Challenging the Conventional*, Burlington, S. 115–117.
— (1991): Should Communities Have Rights? Reflections on Liberal Individualism, in: *Canadian Journal of Law and Jurisprudence* 4, S. 217–237.
Means, G. (1972): ‹Special Rights› as a Strategy for Development, in: *Comparative Politics* 5, S. 29–61.
Miller, D. L. (1995): *On Nationality*, Oxford.
Miller, D. und Siedentop, L. (1983) (Hg.): *The Nature of Political Theory*, Oxford.
Mills, T. M. (1974): *Soziologie der Gruppe*, 4. Aufl. München.
Milofsky, C. (1988): *Community Organizations. Studies in Resource, Mobilization, and Exchange*, Oxford.

Minogue, K. R. (1967): *Nationalism*, London.
Moller Okin, S. (1992/93): Für einen humanistischen Liberalismus, in: *Transit* 5, S. 74–90.
— (1994): Gender Inequality and Cultural Differences, in: *Political Theory* 22, S. 5–24.
Moreno, J. L. (1967): *Die Grundlagen der Soziometrie. Wege zur Neuordnung der Gesellschaft*, 2. Aufl., Köln und Opladen.
Mummendey, A. (1985): Verhalten zwischen sozialen Gruppen: Die Theorie der sozialen Identität, in: Frey, D. und Martin, I. (Hg.), *Gruppen- und Lerntheorien*, Bern / Stuttgart / Toronto, S. 185–216.
Nagel, T. (1977): Equal Treatment and Compensatory Discrimination, in: Cohen, M. und Nagel, T. und Scanlon, T., *Equality and Preferential Treatment*, Princeton, S. 3–18.
— (1993): Bevorzugung gegen Benachteiligung? in: Rössler, B., *Quotierung und Gerechtigkeit. Eine moralphilosophische Kontroverse*, Frankfurt / New York, S. 58–73.
Narveson, J. (1967): *Morality and Utility*, Baltimore.
— (1988): *The Libertarian Idea*, Philadelphia.
— (1991): Collective Rights? in: *Canadian Journal of Law and Jurisprudence* 4, S. 329–345.
Newton, L. (1993): Warum umgekehrte Diskriminierung ungerechtfertigt ist, in: Rössler, B. (Hg.), *Quotierung und Gerechtigkeit. Eine moralphilosophische Kontroverse*, Frankfurt a. M. / New York, S. 96–103.
Niewerth, J. (1996): *Der kollektive und der positive Schutz von Minderheiten und ihre Durchsetzung im Völkerrecht*, Berlin.
Nisbet, R. (1953): *The Quest for Community*, Oxford.
Norman, W. J. (1994): Towards a Philosophy of Federalism, in: Baker, J. (Hg.), *Group Rights*, Toronto, S. 79–100.
Nozick, R. (1974): *Anarchy, State, and Utopia*, übers. von Dr. H. Yetter, München.
— (1983): Commentary on ‹Art as a Public Good›, in: *Art and the Law* 9, S. 162–164.
Olsen, F. (1984): Statutory Rape: A Feminist Critique of Rights Analysis, in: Texas *Law Review* 63, S. 387–432.
Otsuka, M. (1991): The Paradox of Group Benefice, in: *Philosophy and Public Affairs* 20, S. 132–149.
Parsons, T. und Shils, E. A. (Hg.) (1967): *Toward a General Theory of Action*, Cambridge.
Paul, J. (Hg.) (1982): *Reading Nozick: Essays on ‹Anarchy, State, and Utopia›*, Oxford.

Proesler, R. und Beer, K. (1955): *Die Gruppe – The Group – Le Groupe*, Berlin.
Quinn, W. (1985): The Right to Threaten and the Right to Punish, in: *Philosophy and Public Affairs* 14, S. 327–373.
Räikkä, J. (1996): Is a Membership-blind Model of Justice False by Definition?, in: Räikkä, J. (Hg.), *Do We Need Minority Rights?*, The Hague, S. 3–19.
— (1998): On the Ethics of Minority Protection, in: Suksi, Markku (Hg.), *Autonomy: Applications and Implications*, S. 33–42.
Rawls, J. (1989): The Domain of the Political and Overlapping Consensus, in: *New York University Law Review* 64, S. 233–255.
— (1993): *Eine Theorie der Gerechtigkeit*, übers. von Hermann Vetter, 7. Aufl., Frankfurt am Main.
Raz, J. (1986): *The Morality of freedom*, Oxford.
— (1994): *Ethics in the Public Domain*, Oxford.
Razack, S. (1994): Collective Rights and Women: ‹The Cold Game of Equality Staring›, in: Baker, J. (Hg.), *Group Rights*, Toronto, S. 66–78.
Réaume, D. G. (1988): Individuals, Groups, and Rights to Public Goods, in: *University of Toronto Law Journal* 38, S. 1–27.
— (1994): The Group Right to Linguistic Security: Whose Right, What Duties? in: Baker, J. (Hg.), *Group Rights*, Toronto, S. 118–141.
Roeck, B. (1993): *Außenseiter, Randgruppen, Minderheiten*, Göttingen.
Russell, B. (1993): Exploring *The Realm of Rights*, in: *Philosophy and Phenomenological Research* 53, S. 169–172.
Sandel, M. (1982): *Liberalism and the Limits of Justice*, Cambridge.
Sandel, M. J. (1984): The Procedural Republic and the Unencumbered Self, in: *Political Theory* 12, S. 81–96.
Schäfers, B. (1980): Entwicklung der Gruppensoziologie und Eigenständigkeit der Gruppe als Sozialgebilde, in: Schäfers, B. (Hg.), *Einführung in die Gruppensoziologie. Geschichte, Theorien, Analysen*, Heidelberg, S. 19–34.
Schoeman, F. (1975): When Is It Just to Discriminate? in: *The Personalist* 56, S. 170–177.
Schwartz, W. F. (Hg.): *Justice in Immigration*, Cambridge.
Seton-Watson, H. (1977): *Nations and States*, London.
Setzen, K. M. (1971): *Die Gruppe als soziales Grundgebilde. Eine Einführung*, Heidenheim.
Shapiro, L. (1986): *The Evolution of Rights in Liberal Theory*, Cambridge.
Sher, G. (1977): Justifying Reverse Discrimination in Employment, in: Cohen, M. und Nagel, T. und Scanlon, T., Equality *and Preferential Treatment*, Princeton, S. 49–62.
— (1977): Groups and Justice, in: *Ethics* 87, S. 174–181.

— (1981): Ancient Wrongs and Modem Rights, in: *Philosophy and Public Affairs* 10, S. 3–17.
Shute, S. and Hurley, S. (1996) (Hg.): *Die Idee der Menschenrechte*, Frankfurt / M.
Siep, L. (1997): Zwei Formen der Ethik, *Nordrhein-Westfälische Akademie der Wissenschaften*, Vorträge, G 347, Opladen.
Sigler, J. (1983): *Minority Rights: A Comparative Analysis*, Westport, Conn.
Simma, B. und Fastenrath, U. (1979): *Menschenrechte, ihr internationaler Schutz*, München.
Simmel, G. (1958): *Soziologie. Untersuchungen über die Formen der Vergesellschaftung*, 4. Aufl., Berlin.
Simon, R. (1977): Preferential Hiring: A Reply to Judith Jarvis Thomson, in: Cohen, M. und Nagel, T. und Scanlon, T., *Equality and Preferential Treatment*, Princeton, S. 40–48.
Smith, A. D. (1986): *The Ethnic Origins of Nations*, Oxford.
Sprott, W. J. H. (1969): *Human Groups*, 7. Aufl., London.
Steiner, H. (1977): The Structure of a Set of Compossible Rights, in: *Journal of Philosophy* 74, S. 767–775.
Steinkamp, H. (1973): *Gruppendynamik und Demokratisierung. Ideologiekritische und sozialethische Studien zur empirischen und angewandten Kleingruppenforschung*, München.
Sumner, L. W. (1987): *The Moral Foundation of Rights*, Oxford.
Sutter, A. (21.06.99): Minderheitenrechte und Identitätspolitik (unpublished).
Svensson, F. (1979): Liberal Democracy and Group Rights: The Legacy of Individualism and its Impact on American Indian Tribes, in: *Political Studies* 27, S. 421–439.
Szacki, J. (1992/93): Aus einem fernen Land. Kornmentar zu Taylor, in: *Transit* 5, S. 21–30.
Tajfel, H. (1970): Experiments in intergroup discrimination, in: *Scientific American* 223, S. 96–102.
— et al. (1971): Social categorization and intergroup behaviour, in: *European Journal of Social Psychology* 1, S. 149–178.
— (1978): *Differentiation Between Social Groups*, London.
— (1979): Individuals and groups in social psychology, in: *British Journal of Social and Clinical Psychology* 18, S. 183–190.
— (1981): *Human groups and social categories*, Cambridge.
— (1982): *Gruppenkonflikt und Vorurteil. Entstehung und Funktion sozialer Stereotypen*, Bern.
Tamir, Y. (1993): *Liberal Nationalism*, Princeton.

Taylor, C. (1988): *Negative Freiheit? Zur Kritik des neuzeitlichen Individualismus*, Frankfurt a. M.
— (1992/93): Wieviel Gemeinschaft braucht die Demokratie? in: *Transit* 5, S. 5–20.
— (Hg.) (1993): *Multikulturalismus und die Politik der Anerkennung*. Mit Kommentaren von Amy Gutmann, Steven C, Rockefeller, Michael Walzer, Susan Wolf. Mit einem Beitrag von Jürgen Habermas, übers. von Reinhard Kaiser, Frankfurt am Main.
Thalberg, I. (1980): Themes in the Reverse-Discrimination Debate, in: *Ethics* 91, S. 138–150.
Thomson, J. J. (1977): Preferential Hiring, in: Cohen, M. und Nagel, T. und Scanlon, T., *Equality and Preferential Treatment*, Princeton, S. 19–39.
— (1993): Précis of *The Realm of Rights*, in: *Philosophy and Phenomenological Research* 53, S. 159–167.
— (1993): Reply to Commentators, in: *Philosophy and Phenomenological Research* 53, S. 187–194.
Thornberry, P. (1991): *International Law and the Rights of Minorities*, Oxford.
Tönnies, F. (1963): *Gemeinschaft und Gesellschaft – Grundbegriffe der reinen Soziologie*, 8. Aufl., Darmstadt.
Tuck, R. (1979): *Natural Rights Theories. Their origin and development*, Cambridge.
Tushnet, M. (1984): An Essay on Rights, in: *Texas Law Review* 62, S. 1363–1403.
— (1989): Law and Group Rights: Federalism as a Model, in: Hutchinson, A. und Green, L. (Hg.), *Law and the Community: the End of Individualism?* Toronto, S. 277–297.
Van Dyke, V. (1970): *Human Rights, the United States and World Community*, Oxford.
— (1974): Human Rights and the Rights of Groups, in: *American Journal of Political Science* 18, S. 725–741.
— (1975): Justice as Fairness: For Groups? in: *The American Political Science Review* 69, S. 607–614.
— (1976/77): The Individual, the State, and Ethnic Communities in Political Theory, in: *World Politics* 29, S. 343–369.
— (1985): *Human Rights, Ethnicity and Discrimination*, Westport.
— (1995): The Individual, the State, and Ethnic Communities in Political Theory, in: Kymlicka, W. (Hg.), *The Rights of Minority Cultures*, Oxford, S. 31–56, und in: *World Politics* 29, April 1977, S. 343–369.
Waldron, J. (1984) (Hg.): *Theories of Rights*, Oxford.
— (1989): Rights in Conflict, in: *Ethics* 99, S. 503–519.
— (1995): Minority Cultures and the Cosmopolitan Alternative, in: Kymlicka, W. (Hg.), *The Rights of Minority Cultures*, Oxford, S. 93–119.

Walzer, M. (1982): *The Politics of Ethnicity*, Cambridge.
— (1982): States and Minorities, in: Fried, L., *Minorities: Community and Identity*, Berlin, S. 219–227.
— (1982): *Sphären der Gerechtigkeit. Ein Plädoyer für Pluralität und Gleichheit*, übers. von Hanne Herkommer, Frankfurt am Main / New York.
— (1983): *Spheres of Justice: A Defence of Pluralism and Equalitiy*, Oxford.
— (1993): *Kritik und Gemeinsinn. Drei Wege der Gesellschaftskritik*, übers. von Otto Kallscheuer, 2. Aufl., Berlin.
— (1995): Pluralism: A Political Perspective, in: Kymlicka, W. (Hg.), *The Rights of Minority Cultures*, Oxford, S. 139–154.
— (1998): *Cber Toleranz. Von der Zivilisierung der Differenz*, übers. von Christiana Goldmann und hrsg. von Otto Kallscheuer, Hamburg.
Wenzel, M. (1997): *Soziale Kategorisierungen im Bereich distributiver Gerechtigkeit*, Münster.
Williams, M. S. (1997): Group Inequality and the Public Culture of Justice, in: Baker, J. (Hg.), *Group Rights*, Toronto, S. 34–65.
Wolf, S. (1993): Kommentar, in: Taylor, C., *Multikulturalismus und die Politik der Anerkennung*, Frankfurt a. M., S. 79–94.
Wolff, R. P. (1968) (Hg.): *Kant – A Collection of Critical Essays*, Notre Dame, Indiana.
Young, L. M. (1993): Das politische Gemeinwesen und die Gruppendifferenz. Eine Kritik am Ideal des universalen Staatsbürgerstatus, in: Nagl-Docekal, H. und Pauer-Studer, H., *Jenseits der Geschlechtermoral. Beiträge zur feministischen Ethik*, Frankfurt a. M., S. 267–304.
— (1995): Together in Difference: Transforming the Logic of Group Political Conflict, in: Kymlicka, W. (Hg.), *The Rights of Minority Cultures*, Oxford, S. 155–178.

Autorenverzeichnis

Prof. Dr. Helmut Linneweber-Lammerskitten, geboren 1951, Professor für Mathematik und Didaktik der Mathematik an der Pädagogischen Hochschule Aargau NW, Privatdozent für Philosophie an der Universität Bern. Veröffentlichungen neben kleineren Arbeiten vor allem zur Logik und Rechtsphilosophie: Untersuchungen zur Theorie des hypothetischen Urteils (1988); zusammen mit B. Ludwig: Mathematik für Sozialwissenschaftler (1991); zusammen mit M. Bondeli (Hrsg.): Hegels Denkentwicklung in der Berner und Frankfurter Zeit (1999); Stützkurs Mathematik (1999); Pentominos. Trainingsprogramm zum räumlichen Vorstellen (2001); zusammen mit G. Mohr (Hrsg.): Interpretation und Argument 2002; Systems without general principles of simplification (erscheint demnächst).

Dr. Franz Meier, geboren 1950 in Solothurn, arbeitet zur Zeit an einer Dissertation im Bereich der Rechtsphilosophie und unterrichtet Philosophie, Mathematik und Physik am Gymnasium Musegg in Luzern.

Martino Mona ist wissenschaftlicher Assistent für Rechtsphilosophie, Rechtstheorie und Rechtssoziologie im Fachbereich Rechts- und Staatstheorie der Universität Bern sowie wissenschaftlicher Assistent am Lehrstuhl für Strafrecht und Rechtsphilosophie der Universität Basel.

Jérôme Niquille, geboren 1976, hat einen Sammelband über Kommunitarismus in Mitarbeit mit Jean-Christophe Merle und Bernard N. Schumacher herausgegeben (*Figures du communautarisme*, ENS Editions, wird demnächst erscheinen). Zurzeit bereitet er eine Doktorarbeit im Bereich Rechtsphilosophie über die Rechtfertigung der Erbschaft an der Universität Bern vor. Daneben arbeitet er als Übersetzer und Ausbilder von Erwachsenen.

Dr. Alex Sutter, geboren 1955, betreibt seit 1992 in Bern ein eigenes *Büro für interkulturelle Bildung* (seit 2002 unter dem Namen *TRANSKULTUR*) mit den folgenden thematischen Schwerpunkten: Analyse von Kulturkonzepten / Menschenrechte in Theorie und Praxis / Minderheitenrechte / Transkulturelle Ethik. Erarbeitung von Konzepten für und Durchführung von Weiterbildungen und Projekten, sowie Mitarbeit an mehreren Dokumentarfilmen. Nebenamtlicher Dozent an der Hochschule für Sozialarbeit Bern und am Nachdiplomstudium «Interkulturelle Kommunikation» in Luzern.

Prof. Dr. Véronique Zanetti, ist Professorin für Politische Philosophie an der Universität Bielefeld. Arbeitsschwerpunkte: Kant, Rechtsphilosophie und Philosophie der internationalen Beziehungen. Veröffentlichungen: La nature a-t-elle une fin? Le problème de la téléologie chez Kant, Bruxelles 1994. Zus. mit Manfred Frank, kritische Edition und Kommentar von Immanuel Kant, Schriften zur Ästhetik und Naturphilosophie (= Bd. III von Kants Gesammelte Schriften, Klassikerverlag 1996). Zus. mit Steffen Wesche (hrg.), Dworkin: un débat, Bruxelles 1999; mehrere Aufsätze in Englisch, Deutsch und Französisch zu Kant und zur Ethik der internationalen Beziehungen.

Gerhard Seel ist Ordinarius für Philosophie und Direktor des Instituts für Philosophie an der Universität Bern. Er arbeitet gegenwärtig insbesondere über Themen der Rechtsphilosophie, Ethik und Semantik praktischer Sätze. Buchpublikationen: *Sartres Dialektik*, *Die Aristotelische Modaltheorie* und *Amonius and the Seabattle*. Zahlreiche Aufsätze zu philosophiegeschichtlichen Fragen und Themen der Gegenwartsphilosophie.

Index